L'UN

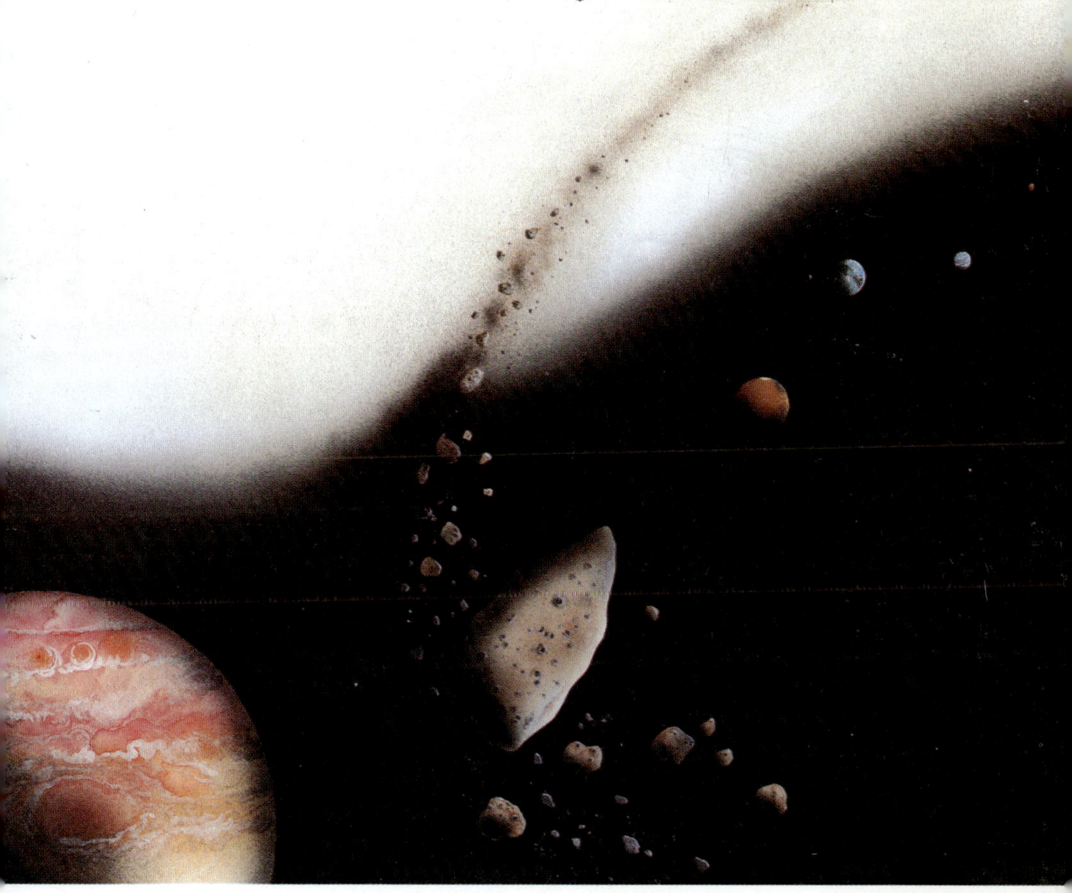

Éditions du Sorbier

DoGi

Titre original
L'Universo

Texte original
Roberto Capuzzo Dolcetta
Barbara Gallavotti
Illustrations
Alessandro Bartolozzi

ÉDITION ORIGINALE
Édition : Francesco Milo
Projet graphique : Sebastiano Ranchetti
Mise en pages : Francesco Milo

ÉDITION FRANÇAISE
Le Sorbier, Paris

Réalisation
ML ÉDITIONS, Paris
Traduction : François Poncioni

ISBN 2-7320-3665-X

Imprimé en Italie en 2000

Sommaire

4 Des yeux au télescope
20 La naissance de l'Univers
44 Le système solaire
82 Les galaxies
90 Voyages vers d'autres mondes
112 Le futur
120 *Index*

Des yeux au radiotélescope

L'intérêt pour l'astronomie remonte à l'aube de la civilisation. Malgré la simplicité des moyens dont ils disposaient, les premiers astronomes purent effectuer des observations très poussées et atteindre, en les interprétant, des connaissances d'un niveau très élevé.

Les premiers astronomes

Tant que notre espèce a vécu des produits de la chasse et de la cueillette, il ne fut pas nécessaire de connaître à fond l'Univers. Les choses se compliquèrent cependant avec l'« invention » de l'agriculture, que l'on situe dans le Croissant fertile, en Asie du Sud-Ouest, il y a environ dix mille ans. Étant donné que les saisons et les périodes de pluie ou de sécheresse peuvent être mises en relation avec la position du Soleil, de la Lune et des planètes, l'observation du ciel devint fondamentale pour l'établissement du calendrier agricole.

Les premières représentations de l'Univers étaient très fantaisistes, mais les astronomes de l'Antiquité savaient néanmoins effectuer des calculs très compliqués, leur permettant d'obtenir avec une

L'observation du ciel
Dans l'Antiquité, les Babyloniens attachaient une grande importance à l'observation du ciel. Vers 1800 av. J.-C., ils gravèrent les plus anciennes tables astronomiques connues à nos jours. Les recherches les plus poussées étaient confiées aux prêtres, mais les paysans disposaient également d'instruments simples pour mesurer le temps et établir le calendrier de leurs activités.

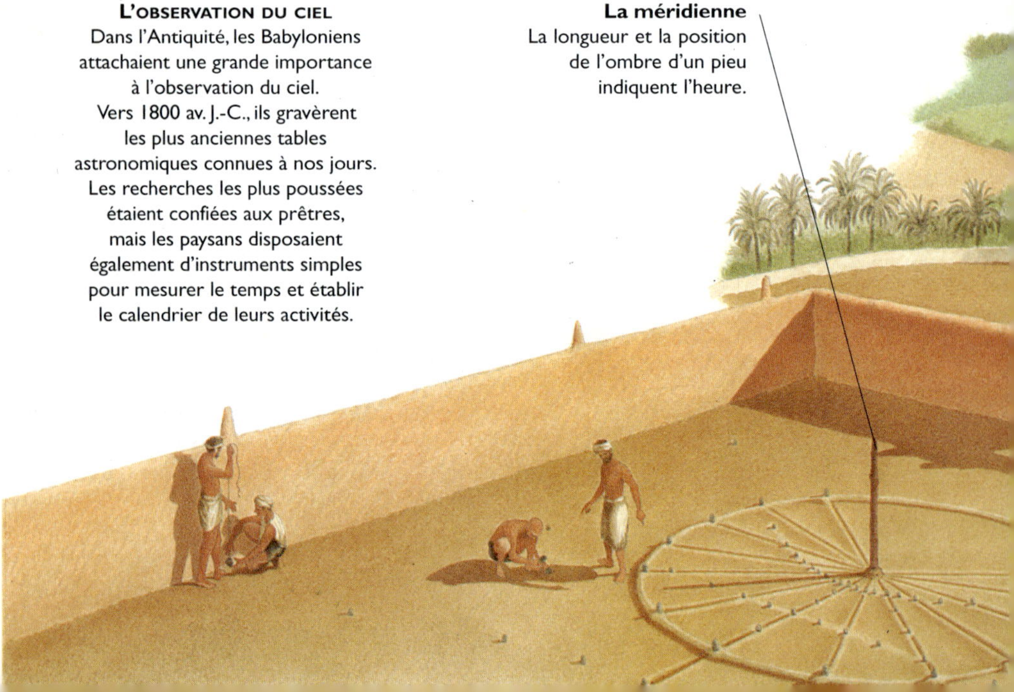

bonne approximation les données souhaitées par les populations. Babyloniens et Égyptiens partageaient, en général, l'idée que la terre ferme était soutenue par des colonnes, comme un toit, et surmontée d'une coupole constituant le ciel, où le Soleil et la Lune suivaient leur parcours quotidien, alors que les étoiles étaient imaginées comme des lampes suspendues ou portées par des divinités.

Les connaissances des Grecs anciens

Les Grecs, surtout à partir du VIIIe siècle av. J.-C., fondaient une bonne part de leur économie sur le commerce, ce qui les poussa à de longs voyages sur mer. Les navigateurs s'orientaient en utilisant comme points de repère les constellations, et leur observation continue du ciel donna naissance à de nouvelles

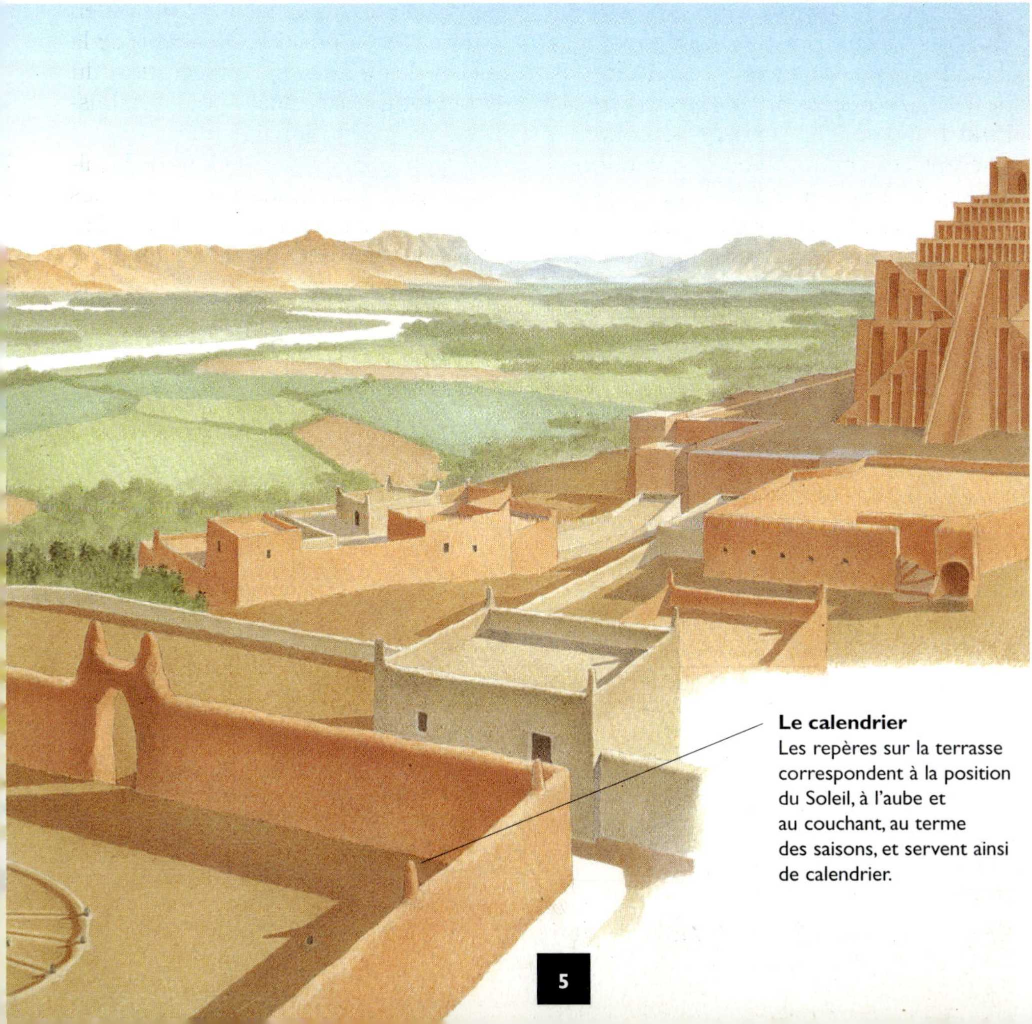

Le calendrier
Les repères sur la terrasse correspondent à la position du Soleil, à l'aube et au couchant, au terme des saisons, et servent ainsi de calendrier.

interrogations. Par exemple, celui qui avait longé les côtes de l'Afrique vers le sud rapportait avoir perdu graduellement de vue les constellations les plus septentrionales, alors que d'autres leur étaient apparues au midi. Ce fait se conciliait mal avec l'hypothèse d'une Terre plate et l'on commença à penser que notre planète était ronde, ainsi que l'affirmaient au VIe siècle av. J.-C. les savants de l'école de Pythagore. L'autre grande question concernait les lois qui gouvernent les mouvements du Soleil, de la Lune et des planètes. Le mouvement des deux premiers corps célestes, vu de la Terre, est compliqué du fait, alors ignoré, que notre planète tourne sur elle-même autour d'un axe incliné de 23,5° par rapport à la perpendiculaire au plan du trajet apparent du Soleil. La plus grande difficulté était d'expliquer la trajectoire des planètes, qui semble étrange si l'on admet l'hypothèse selon laquelle elles tourneraient autour de nous, et non autour du Soleil. En particulier, Mars paraît, lors de certaines périodes, s'arrêter et repartir en arrière. Au Ve siècle av. J.-C., Eudoxe de Cnide tenta d'expliquer le mouvement apparent des astres et conçut un ingénieux modèle de l'Univers, dans lequel la Terre était entourée de 27 sphères transparentes, concentriques et animées de rotation. Sur la plus éloignée d'entre elles étaient placées les étoiles fixes, alors que les autres étaient reliées et contenaient le Soleil, la Lune et les planètes. Le mouvement combiné de ces sphères rendait approximativement compte du parcours accompli par les corps célestes. Le système était, dans son ensemble, compliqué et

Les dimensions du ciel
Les Anciens croyaient à l'immutabilité de la position des astres et cherchèrent très tôt à établir des cartes célestes, ainsi qu'à trouver des méthodes pour évaluer les distances astronomiques.

Hipparque de Nicée effectua, au IIe siècle av. J.-C., des observations très poussées et évalua les dimensions des planètes, en mesurant leur diamètre apparent à l'aide de l'alidade. Celle-ci était formée de règles graduées et de deux planchettes : l'une comportait un « viseur », l'autre un orifice plus grand. La seconde était déplacée jusqu'à ce que la circonférence de l'orifice coïncidât avec celle de la planète.

L'angle de la parallaxe
La position d'une étoile dans le ciel, vue de la Terre, varie suivant le point de notre orbite où nous nous trouvons. Cet effet du mouvement de révolution terrestre, appelé parallaxe, a été prévu par les Anciens. Mais comme il est très petit, ils ne purent l'observer directement, ce qui convainquit nombre d'entre eux de l'immobilité de notre planète.

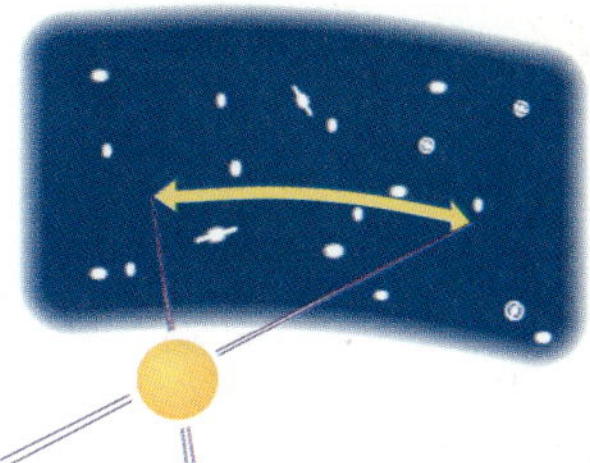

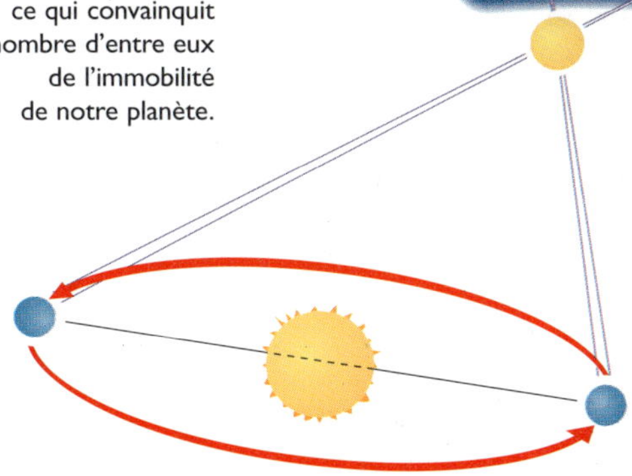

Équinoxe de printemps de l'année 145 av. J.-C. Le Soleil est dans le Bélier.

Équinoxe de printemps de –2000. Le Soleil est dans les Poissons.

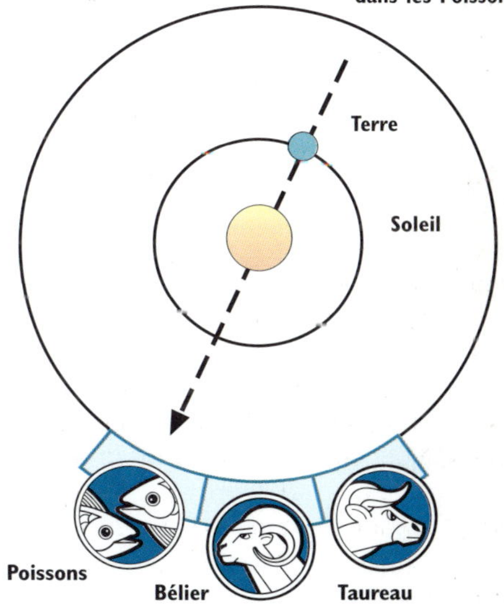

L'astrologie en défaut
Les astrologues de l'Antiquité ont établi la suite des signes du zodiaque à partir de l'équinoxe (quand le jour et la nuit ont la même durée). Depuis, les dates de chaque signe sont les mêmes, bien que la position du Soleil par rapport à la Terre à l'équinoxe ait changé d'un signe entier. D'un point de vue astronomique, personne n'est donc du signe auquel il croit appartenir (un Bélier est, en réalité, du signe des Poissons).

Le mouvement des planètes

Il est impossible d'expliquer le mouvement des planètes comme une simple rotation autour de la Terre. Cela posa d'importants problèmes aux Anciens, qui devaient concilier leurs observations avec l'hypothèse d'une Terre immobile au centre de l'Univers, et la conviction que toutes les orbites étaient circulaires.

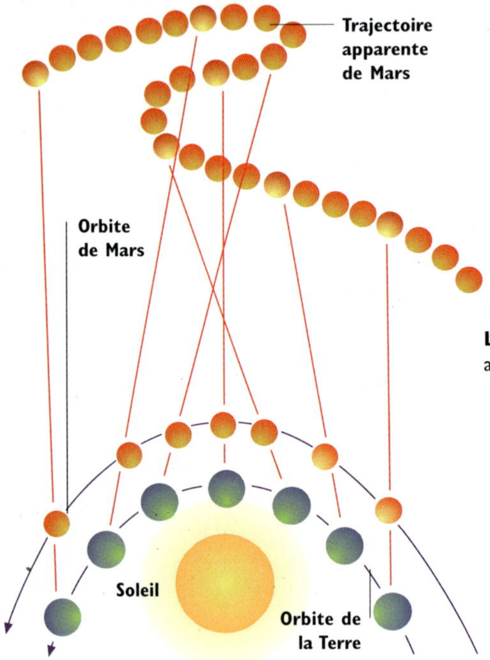

Le parcours suivi par Mars apparaît ainsi depuis la Terre.

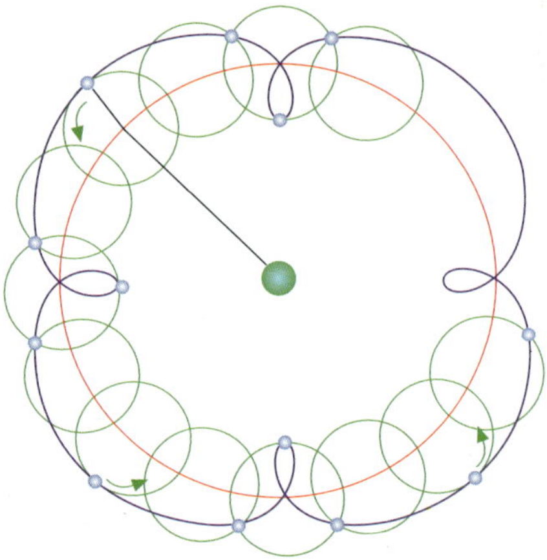

Les épicycles
Le mouvement des planètes était en partie explicable, si l'on supposait qu'elles parcourent de petites orbites circulaires, centrées sur leur orbite principale.

peu précis, bien qu'il ait été accepté par Aristote (384-322 av. J.-C.), qui chercha à le perfectionner en portant à 55 le nombre des sphères. Il soutint aussi la thèse de la rotondité de la Terre en se basant sur une argumentation subtile, invoquant, par exemple, que l'ombre portée sur la Lune, lors d'une éclipse, par notre planète, est courbe.

À la même époque, Héraclide du Pont (v. 390-310 av. J.-C.) proposait un modèle du système solaire très moderne : il affirmait que la Terre n'était pas immobile mais tournait autour d'un axe, et que Mercure et Vénus étaient en orbite autour du Soleil.

Il ne s'agissait pas encore d'un système héliocentrique, selon lequel toutes les planètes tournent autour du Soleil,

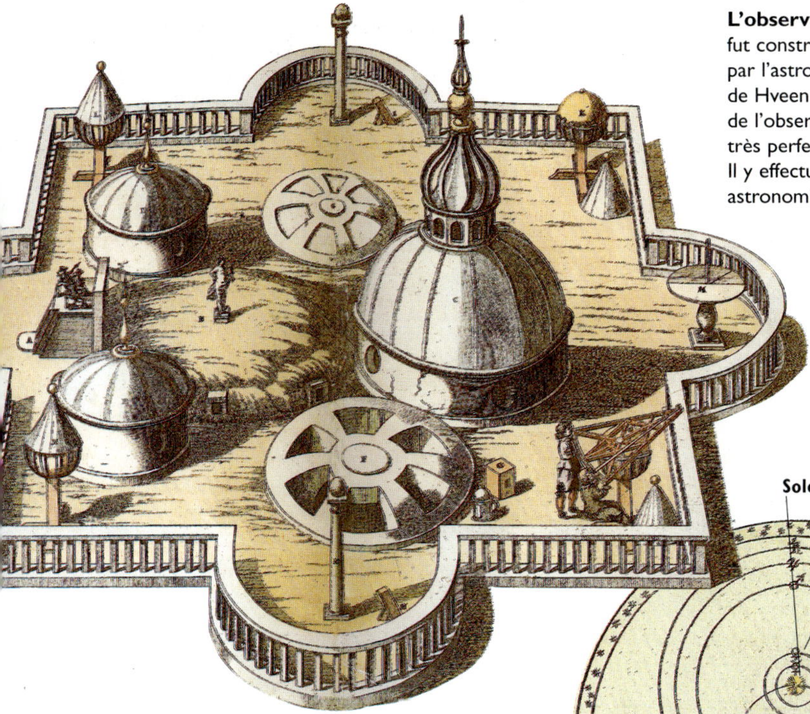

L'observatoire de Tycho Brahe fut construit à la fin du XVIe siècle, par l'astronome danois, sur l'île de Hveen (dans le Sund). Il s'agit de l'observatoire d'Uraniborg, très perfectionné pour l'époque. Il y effectua des observations astronomiques très approfondies.

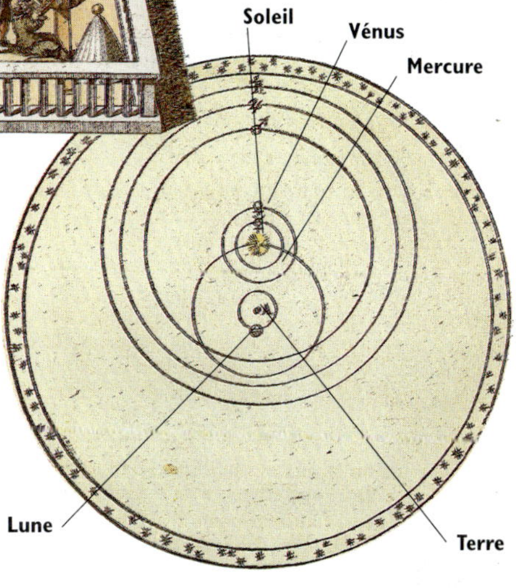

Les observations de Brahe le firent rejeter le système solaire géocentrique, mais l'astronome ne voulut cependant pas suivre Copernic dans son système héliocentrique. Il soutint donc que le Soleil tournait autour de la Terre, mais que les autres planètes tournaient autour du Soleil, à peu près comme l'avait avancé Héraclide du Pont, des siècles auparavant.

comme le soutiendrait quelques décennies plus tard Aristarque de Samos (310-v. 230 av. J.-C.), établi à Alexandrie d'Égypte. C'est également dans cette ville que vécut au IIe siècle Ptolémée, considéré comme le plus grand astronome de l'Antiquité. Il prit en considération le système héliocentrique proposé par Aristarque, mais retint comme plus probable que tout tournait autour de la Terre. Il avança, pour expliquer le mouvement des planètes, que celles-ci accomplissent une série d'épicycles, révolutions centrées sur leur orbite principale autour de la Terre. Il réussit de la sorte à construire un modèle de l'Univers scientifiquement acceptable, pour autant qu'il était conciliable avec les positions des astres observables. Après l'époque d'Alexandrie, l'astronomie fut

longtemps négligée en Occident. Au cours du Moyen Âge, les anciennes connaissances furent oubliées, au point que l'on en revint généralement à affirmer que la Terre était plate. Fort heureusement, l'intérêt pour la science connut un vif renouveau chez les Arabes, qui traduisirent et diffusèrent l'*Almageste*, œuvre principale de Ptolémée.

La renaissance de l'astronomie

Après Aristarque, l'hypothèse d'un système solaire héliocentrique fut, en pratique, oubliée pendant près de 1 800 ans. Le premier qui la reprit sérieusement en considération fut Nicolas Copernic (1473-1543), un astronome polonais. Il découvrit que les données déduites de l'observation du ciel s'accordaient pleinement avec l'hypothèse de révolutions accomplies par la Terre et les autres planètes autour du Soleil, et il affirma que celle-ci devait également tourner sur elle-même (chose déjà énoncée par Héraclide du Pont, mais rejetée par Ptolémée). Cependant, selon Copernic, les orbites décrites par les planètes étaient circulaires et non elliptiques, comme elles le sont en fait. Cette erreur fit qu'il dut conserver en partie le système de Ptolémée. L'œuvre de Copernic a été publiée en 1543, et il mourut la même année, échappant ainsi aux persécutions dont il aurait inévitablement fait l'objet de la part du monde ecclésiastique, obstinément attaché à la conception biblique plaçant la Terre au centre de l'Univers.

Ces nouvelles idées ne devaient pas être oubliées, car d'autres données avaient, entre-temps, ébranlé l'ancienne

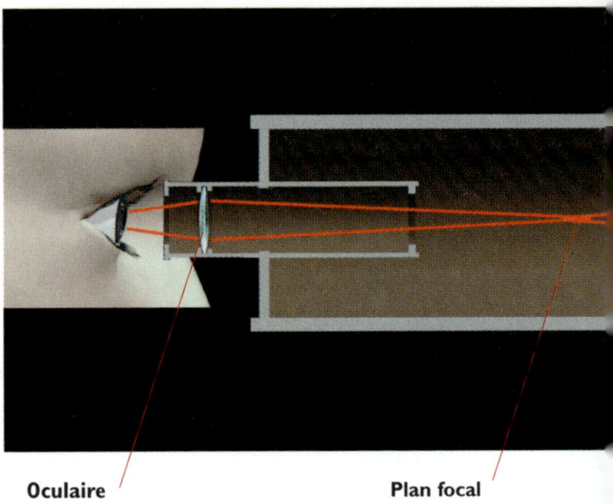

La lunette
En 1609, Galilée présenta sa lunette, obtenue en perfectionnant un instrument construit l'année précédente par un opticien allemand. Il réalisa rapidement que sa lunette n'était pas adaptée à l'observation des étoiles, si éloignées qu'elles apparaissaient comme un point, malgré le grossissement. Il se concentra donc sur le système solaire.

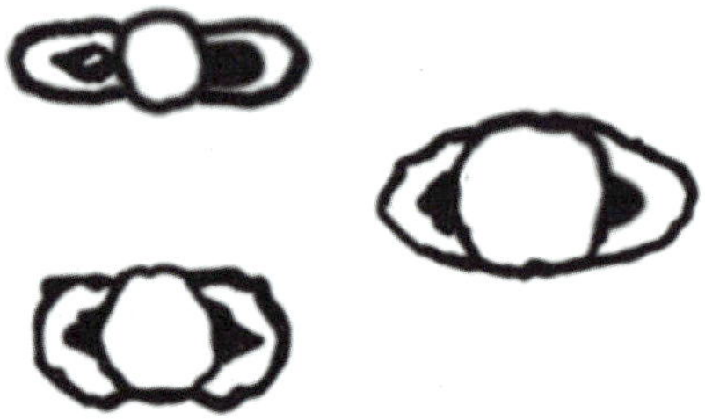

Galilée observa Saturne, mais il interpréta mal les anneaux et les considéra comme faisant partie de la planète, qui paraissait ainsi constituée de trois éléments, représentés ci-dessus, suivant des dessins de l'astronome lui-même.

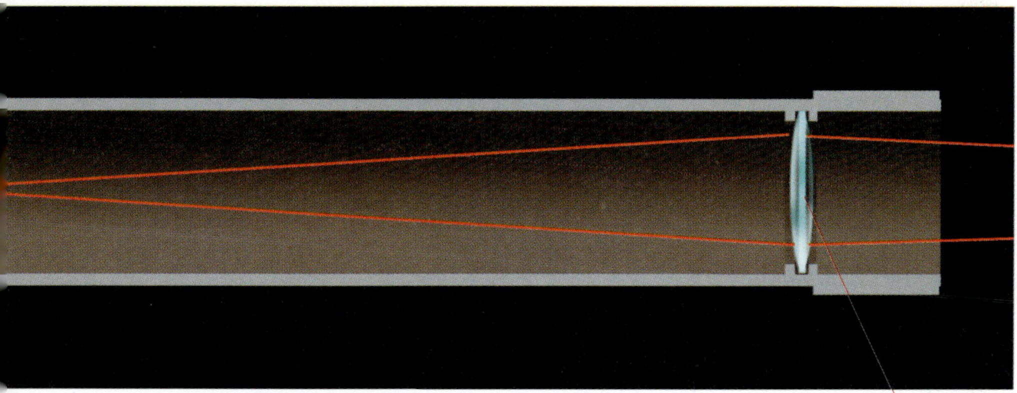

La lunette astronomique
est constituée essentiellement de deux lentilles et d'un tube qui les contient. La première (objectif) recueille les rayons lumineux produits ou reflétés par un objet et les focalise, formant une image sur un plan dit focal. Cette image est vue par l'observateur à travers la seconde lentille (oculaire) qui est biconcave (divergente) et l'agrandit.

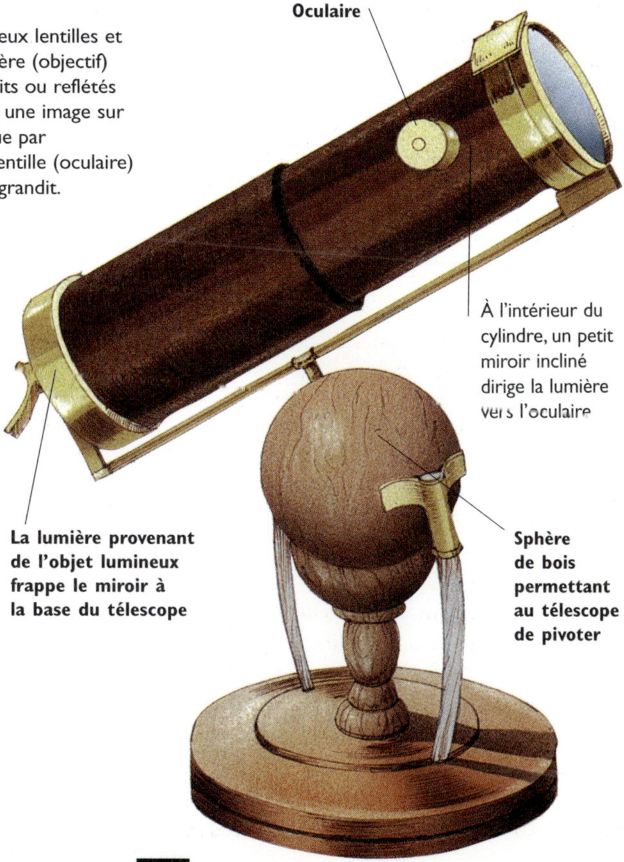

Les modifications de Newton
Dans le télescope de Newton, les rayons lumineux frappent un miroir et sont réfléchis vers un second miroir, qui dirige la lumière vers l'oculaire. Celui-ci est constitué par une lentille grossissant l'image.

L'observatoire de Cassini
L'astronome français d'origine italienne Jean Dominique Cassini (1625-1712) vint à Paris, où il se vit confier la direction de l'Observatoire. Grâce aux instruments équipant ce dernier, il découvrit 4 satellites de Saturne et comprit que les anneaux étaient formés d'une myriade de corpuscules.

Les télescopes de l'Observatoire de Paris étaient très longs, afin d'atténuer les différences de réfraction de la lumière produites dans les instruments normaux.

conception de la structure du cosmos. Le modèle constitué de sphères cristallines concentriques avait été réfuté par les observations de Tycho Brahe (1546-1601), qui avait constaté, en 1577, alors qu'il suivait le trajet d'une comète, qu'elle parcourait le ciel en traversant les hypothétiques sphères de Ptolémée, ce qui était exclu par le savant d'Alexandrie. Les doutes soulevés par Brahe amenèrent l'Allemand Johannes Kepler (1571-1630) à réexaminer le problème du mouvement des planètes, en particulier celui de Mars, sur laquelle il avait recueilli un grand nombre d'observations. Il parvint ainsi à conclure que les planètes se déplacent autour du Soleil suivant une orbite elliptique. Conjecturant aussi que la vitesse de parcours de leur trajet n'est

Une lunette sans monture
Dans certains cas, on supprimait la monture du télescope, afin d'éloigner plus encore l'observateur de la lentille. Celle-ci était fixée sur une tour, alors que l'oculaire de grossissement était tenu par l'observateur. Un fil de soie reliait les deux éléments pour en assurer l'alignement.

pas uniforme mais décroît à mesure qu'elles s'éloignent de l'étoile, Kepler parvint à écarter le système compliqué des épicycles que Copernic lui-même avait dû conserver.

Au cours des mêmes années où il effectuait ses observations, des recherches étaient entreprises en Italie par Galilée (Galileo Galilei, 1564-1642). C'est à ce grand astronome que revient d'avoir accompli le pas décisif qui allait ôter pour toujours la Terre du centre de l'Univers.

L'instrument qui permit d'effacer des millénaires de croyances fut la lunette, un système de lentilles inventé par un opticien allemand et perfectionné par Galilée, permettant d'observer la Lune et les planètes avec un fort grossissement. En réalité, certains faits donneraient

Les télescopes réflecteurs modernes
La lumière y est réfléchie par un miroir. L'image ainsi obtenue peut être grossie, mais il est impossible de voir les détails des objets très éloignés. L'essentiel est que le miroir soit assez grand pour recueillir suffisamment de lumière, même si la source en est très lointaine. En fait, les informations scientifiques sont tirées essentiellement de l'étude des caractéristiques de la lumière provenant des astres.

Les radiotélescopes sont des télescopes, comme celui d'Arecibo, à Porto Rico, qui ne sont pas construits pour capter des rayons lumineux, mais des ondes radio se propageant dans le cosmos, ou émises par des étoiles ou des galaxies.

Les moyens d'observation du ciel sont divers. Les corps célestes produisent des radiations de longueurs d'onde différentes. À gauche : les plus petites sont presque absorbées par l'atmosphère et ne sont captées que par des satellites placés hors d'elle.

Le télescope optique reçoit les rayons lumineux et une partie des infrarouges ; les micro-ondes sont recueillies par de petits télescopes, alors que, pour les longueurs d'ondes plus grandes, on utilise des radio-télescopes placés « en série » ou d'immenses télescopes creusés dans le sol (du type Arecibo).

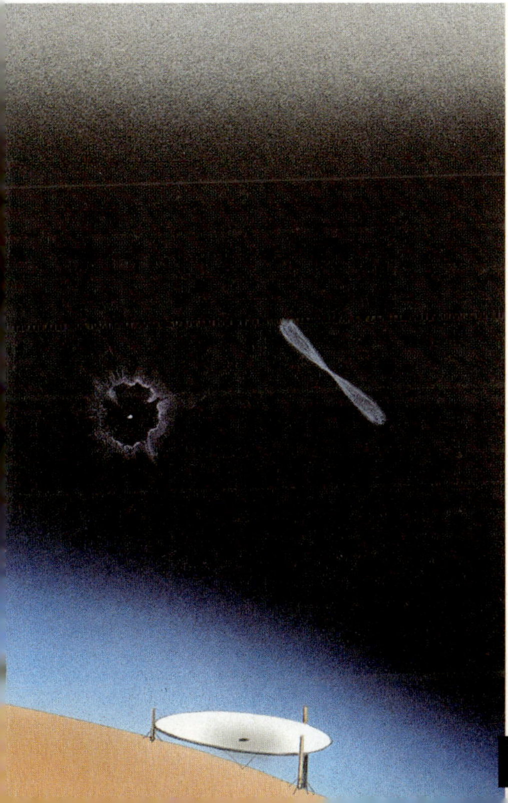

à penser que les savants d'Alexandrie avaient déjà utilisé des lentilles pour scruter le ciel. Mais, même s'il en avait été ainsi, leur technologie avait été totalement oubliée à l'époque romaine et au Moyen Âge. Utilisant la lunette, Galilée observa d'abord la Lune, découvrant qu'elle n'était pas, comme on le croyait, une sphère de cristal, mais que l'on distinguait sur sa surface des reliefs et des vallées. Il pointa ensuite son instrument sur Jupiter et vit 4 satellites tournant autour de cette planète. On ne pouvait donc plus croire que le cosmos se déplaçait autour de la Terre. Galilée fut même convaincu, par cette observation, et par d'autres, de la validité du système héliocentrique proposé par Copernic. Ces découvertes suscitèrent une violente réaction de la part de l'Église catholique, au point que Galilée fut contraint de les renier publiquement et se vit interdire de les publier. Mais la révolution qu'avait connue l'astronomie en quelques décennies ne pouvait être ignorée, et de nombreux savants, Kepler le premier, n'étaient pas disposés à écarter ce que les nouveaux instruments avaient rendu évident. Ainsi, la théorie d'un système solaire héliocentrique se répandit irrésistiblement.

L'évolution de la lunette astronomique

La lunette de Galilée ouvrit littéralement de nouveaux horizons et permit aux astronomes de percevoir des détails jusqu'alors invisibles.

L'instrument présentait cependant d'inévitables imperfections, qui devinrent insupportables à mesure que les

savants exigeaient pour leurs observations un niveau de précision de plus en plus élevé. En particulier, l'objectif, c'est-à-dire la lentille servant à focaliser l'image, a pour défaut d'agir comme un prisme et de dévier de façon différente la lumière bleue et la lumière rouge. Les images apparaissent alors souvent entourées d'un halo coloré. Cet effet est d'autant plus atténué que la lentille est moins bombée, mais cela implique que le point de focalisation de l'image s'éloigne de l'objectif ; il faudrait alors construire des lunettes très longues et donc peu maniables. Pour y remédier, on peut accoupler deux lentilles, l'une convergente, l'autre divergente, mais cet expédient a pour résultat de diminuer la quantité de lumière observée.

Le savant anglais Isaac Newton (1642-1727) trouva une solution au problème, en remplaçant la lentille par un miroir concave. La lumière ne le traverse pas, mais est réfléchie, de façon à focaliser l'image à une distance assez courte, comme dans la lunette de Galilée.

L'instrument ne connut cependant pas un grand succès, principalement en raison de difficultés de construction. Les astronomes adoptèrent le système des lentilles après 1757, lorsqu'un opticien londonien, John Dollond (1706-1761), découvrit que l'altération chromatique pouvait être évitée en combinant des lentilles de types de verre différents. On chercha, avec cette nouvelle technique, à construire des lentilles de plus en plus grandes, afin de pouvoir capter la très faible lumière provenant de corps célestes de plus en plus lointains. La difficulté était grande,

À LA RECHERCHE DE LA PLUS FAIBLE LUMIÈRE
La construction d'un très grand télescope optique présente d'énormes difficultés techniques. Le problème peut être en partie résolu en reliant plusieurs télescopes de dimensions plus réduites.

La « caméra CDD » est l'appareil électronique le plus répandu pour enregistrer les images dans les télescopes modernes. De la dimension d'un timbre-poste, elle est très sensible et donne des images visualisées directement sur un ordinateur. C'est avec elle qu'ont été obtenues, ci-dessous, l'image de l'ensemble de Chamaeleon I et, page de droite, celle de la nébuleuse N 70 des Nuages de Magellan.

Le VLT (Very Large Telescope) est constitué de 4 grands télescopes de 8,2 m de diamètre chacun, entre lesquels vont être construits d'autres télescopes plus petits. Ces instruments pourront être pointés simultanément sur le même corps céleste et, en réunissant toutes leurs données, on pourra en obtenir une image aussi claire que si elle était observée par un unique télescope de 100 m de diamètre.

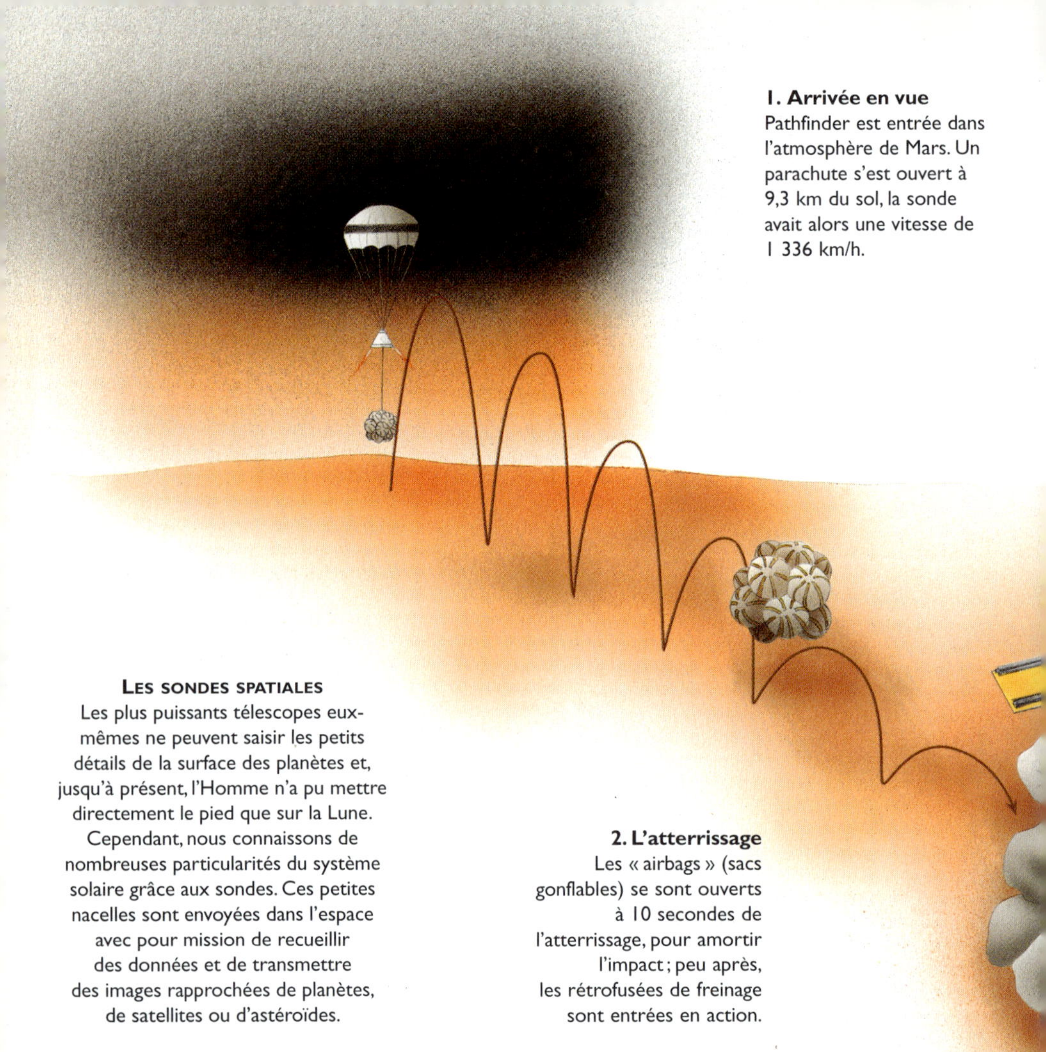

1. Arrivée en vue
Pathfinder est entrée dans l'atmosphère de Mars. Un parachute s'est ouvert à 9,3 km du sol, la sonde avait alors une vitesse de 1 336 km/h.

2. L'atterrissage
Les « airbags » (sacs gonflables) se sont ouverts à 10 secondes de l'atterrissage, pour amortir l'impact ; peu après, les rétrofusées de freinage sont entrées en action.

Les sondes spatiales

Les plus puissants télescopes eux-mêmes ne peuvent saisir les petits détails de la surface des planètes et, jusqu'à présent, l'Homme n'a pu mettre directement le pied que sur la Lune. Cependant, nous connaissons de nombreuses particularités du système solaire grâce aux sondes. Ces petites nacelles sont envoyées dans l'espace avec pour mission de recueillir des données et de transmettre des images rapprochées de planètes, de satellites ou d'astéroïdes.

car les lentilles doivent être parfaites et très exactement alignées, la moindre irrégularité donnant une image déformée. Étant donné qu'à l'accroissement des dimensions des lentilles correspond celui de leur poids, il devint compliqué de les placer dans une structure de soutien ne se déformant pas.

Pour ces raisons, l'astronome William Herschel (1738-1822) en revint à l'instrument réalisé par Newton, et le perfectionna à tel point que le système par réfraction fut graduellement abandonné. L'emploi de miroirs à la place des lentilles présente, en effet, d'énormes avantages. Ils reflètent une image satisfaisante, même s'ils ne sont pas parfaitement polis ; en outre, la lumière ne les traversant pas, ils peuvent reposer complètement sur leur face postérieure (les lentilles, au contraire, doivent être fixées sur la monture par leur seul contour). Les corps réfléchissants peuvent être très épais (donc plus robustes) et, enfin, ils n'absorbent qu'une faible partie de la lumière qu'ils recueillent. C'est pourquoi tous les télescopes utilisés par les astronomes sont du système réflecteur.

3. Enfin sur Mars !
Après quelques rebonds, Pathfinder s'est arrêtée et s'est ouverte comme une fleur : dans ses flancs se trouvait Sojourner.

La sonde sur Mars
Le 4 juillet 1997, après environ 7 mois de voyage, la sonde Pathfinder atterrissait sur Mars. Elle contenait le véhicule Sojourner qui, peu après l'atterrissage, commença à se déplacer, télécommandé depuis la Terre. Il a transmis pendant plus de 2 mois des relevés et des images fondamentales pour mieux connaître cette planète.

Sojourner mesurait 62 cm de long et 32 cm de haut. Il repérait les obstacles grâce à des capteurs laser et franchissait sans difficulté ceux inférieurs à 17 cm. Alimenté par l'énergie solaire, il contenait une caméra de télévision et des instruments pour relever la température et la composition du sol.

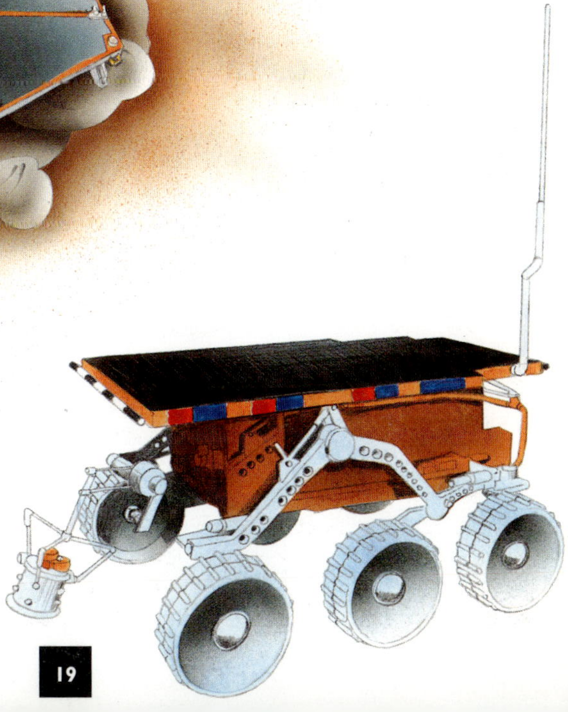

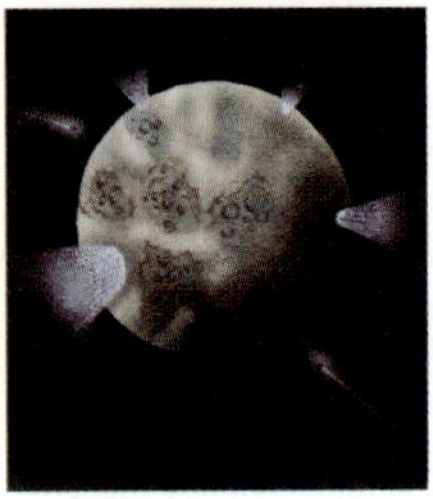

La naissance de l'Univers

Bien après que l'on eut découvert que la Terre n'était pas immobile, une autre observation a révolutionné l'astronomie : tout se meut dans l'Univers, et les galaxies s'éloignent les unes des autres à grande vitesse. C'est l'origine de la théorie du big bang.

Le « big bang »

À la fin des années 1920, l'astrophysicien Edwin Hubble (1889-1953), observant le ciel avec le télescope du mont Wilson (États-Unis), enregistre un fait vraiment inattendu : la lumière provenant des galaxies est systématiquement plus rouge qu'on peut le penser, et la différence est d'autant plus marquée que les galaxies sont éloignées de nous. L'explication la plus plausible de cette constatation tient dans leur mouvement d'éloignement,

Le big bang

Les lois de la physique connues de nos jours ne nous permettent pas de savoir ce qui s'est produit à l'instant du big bang, l'énorme explosion que l'on suppose avoir donné naissance à l'Univers. On peut cependant reconstituer les événements survenus une petite fraction de seconde après l'explosion initiale.

1. On peut présumer qu'entre 10^{-13} et 10^{-9} seconde avant le big bang des événements se produisent qui entraînent la séparation des quatre forces fondamentales existant dans la matière : gravitationnelle, électromagnétique, nucléaire forte (qui tient unis protons et neutrons à l'intérieur des noyaux) et nucléaire faible (à laquelle on doit la désintégration des noyaux radioactifs).

4

3

2

1

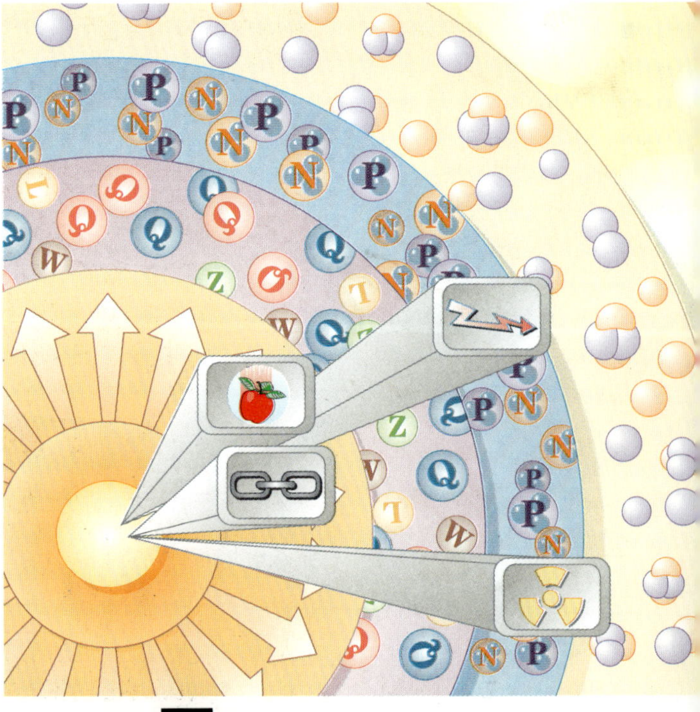

c'est-à-dire dans la conséquence de l'« effet Doppler ». En d'autres termes, les ondes lumineuses produites par une galaxie qui s'éloigne parviennent au télescope avec une fréquence moindre que celle qu'elles auraient si la galaxie était immobile. C'est le même phénomène que celui qui se produit avec le son de la sirène d'une ambulance : quand celle-ci nous dépasse et s'éloigne, ce son devient pour nous de plus en plus grave, ce qui signifie que les ondes sonores parvenant à notre oreille sont de plus grande longueur et ont donc une fréquence plus basse.

L'observation d'Hubble prouva que les galaxies s'éloignent continuellement l'une de l'autre, à une vitesse qui s'accroît avec la distance qui les sépare de nous. L'hypothèse d'un Univers éternel

2. Entre 10^{-9} et 10^{-5} seconde, de nombreux types de particules élémentaires, dont les quarks et les gluons, se trouvent dans l'univers. La température est si élevée qu'ils sont fondamentalement libres, et non liés entre eux, comme actuellement.

3. À partir de 10^{-5} seconde, la température s'abaisse suffisamment pour permettre aux quarks et aux gluons de former des protons et des neutrons.

4. Environ 3 minutes après le big bang, les noyaux des atomes d'hydrogène et d'hélium se forment.

5 6 7

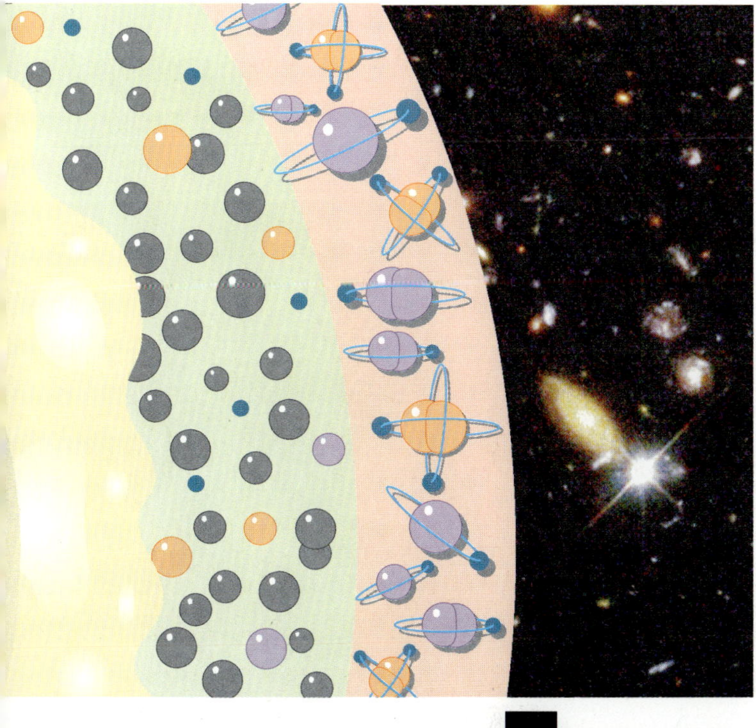

5. La température continue à diminuer progressivement, tandis que les dimensions de l'Univers s'accroissent toujours plus, jusqu'à ce que, 300 000 ans après, il soit devenu assez raréfié pour permettre aux radiations électromagnétiques de se propager librement sur de grandes distances.

6. La recombinaison intervient après 300 000 ans : noyaux et électrons s'unissent pour former les atomes.

7. Environ 200 millions d'années après l'explosion, étoiles et galaxies commencent à se former.

et immobile devint alors obsolète ; au contraire, il apparut probable qu'il ait eu comme origine une sorte d'énorme explosion, qui a été surnommée big bang. Selon la nouvelle théorie, c'est à la suite de cette explosion qu'ont été produites toute l'énergie et la matière existant dans le cosmos, et elles ont « jailli » dans toutes les directions, à grande vitesse. L'expansion de l'Univers se poursuivrait encore aujourd'hui, bien que moins rapidement, ce que le déplacement centrifuge des galaxies et des amas de galaxies semble démontrer.

La théorie du big bang explique aussi pourquoi la vitesse de déplacement des galaxies s'accroît en même temps que leur éloignement. En effet, la lumière voyage dans l'espace vide à environ 300 000 km à la seconde. Et même si rien ne peut voyager aussi rapidement, il lui faut du temps pour parvenir de sa source jusqu'à nous. Ce qui implique que, lorsque nous regardons un corps céleste, nous ne le voyons pas resplendir de la lumière qu'il émet à ce moment précis, mais de celle qui parvient à la Terre après son long trajet dans le cosmos. C'est un peu comme si un ami prenait une photographie de lui et nous l'envoyait : quand nous la regardons, elle correspond à l'aspect qu'il avait au moment où elle a été prise et non à celui où nous l'avons reçue. Donc, la lumière qui nous parvient de galaxies très éloignées a été produite par elles il y a des milliards d'années, à un moment plus proche du big bang, alors qu'elles se déplaçaient bien plus rapidement qu'aujourd'hui. En 1929, Hubble, se fondant sur son estimation de la vitesse

Matière et antimatière

Dans les premiers instants après le big bang, l'Univers n'était pas peuplé que de matière (les particules qui aujourd'hui dominent le cosmos, comme les quarks et les électrons), mais aussi de l'antimatière correspondante, constituée de particules identiques mais avec une charge opposée (antiquarks et antiélectrons). Très rapidement, matière et antimatière se sont détruites réciproquement, créant une grande quantité d'énergie sous forme de radiations. Après ce processus, il n'est demeuré qu'un peu de matière, celle qui existe encore aujourd'hui dans l'Univers.

Le détecteur de particules est un appareil destiné à étudier le comportement des quarks et des antiquarks, afin d'essayer de mettre en évidence le comportement de la matière et de l'antimatière.

Chasse à l'antimatière

Les physiciens effectuent de nombreuses expériences afin de découvrir comment, de l'annihilation de la matière et de l'antimatière, initialement en quantités égales, s'est dégagé un reste de matière. Une de ces expériences, nommée BaBar, est menée dans le laboratoire SLAC, à Stanford, en Californie.

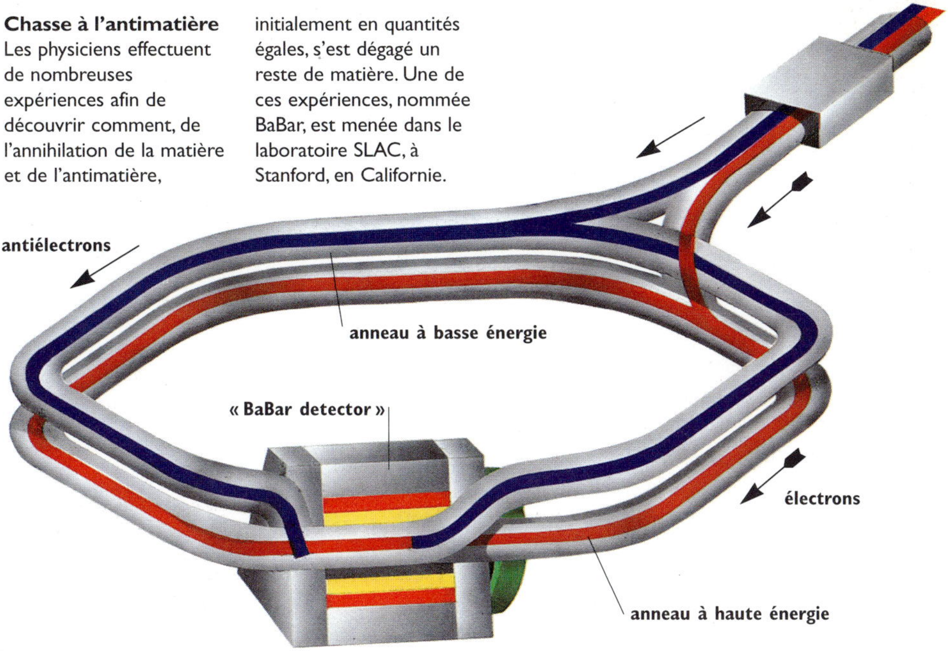

L'accélérateur permet de faire se rencontrer des électrons (e–) et des antiélectrons (e+), ces derniers étant produits par un autre appareil. Leur choc engendre un couple particulier de quarks (B) et antiquarks (anti B, notés $\bar{B}$, d'où le Bar de « B *and* B-*bar* », BaBar), ou « quarks de beauté ».

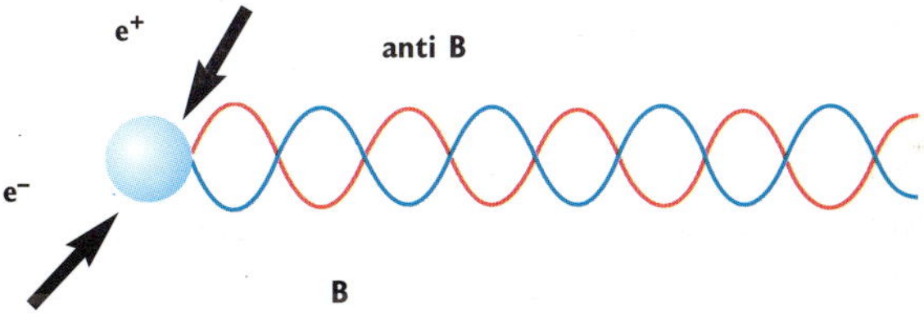

des galaxies et de leur éloignement de nous, réussit à donner une première mesure de l'âge de l'Univers, l'évaluant à environ 10 milliards d'années (on pense de nos jours que cette durée est de plus ou moins 15 milliards d'années). Quand, en 1947, Einstein entendit, au cours d'un séminaire, Mgr Georges Lemaitre, un astrophysicien belge, avancer l'hypothèse de la grande explosion initiale du cosmos à partir d'un « atome primordial », il en fut enthousiasmé. Par ailleurs, l'expansion de l'Univers pouvait être envisagée comme un effet collatéral de sa théorie de la relativité générale, publiée en 1916. Le savant avait cependant jugé le phénomène invraisemblable, au point de

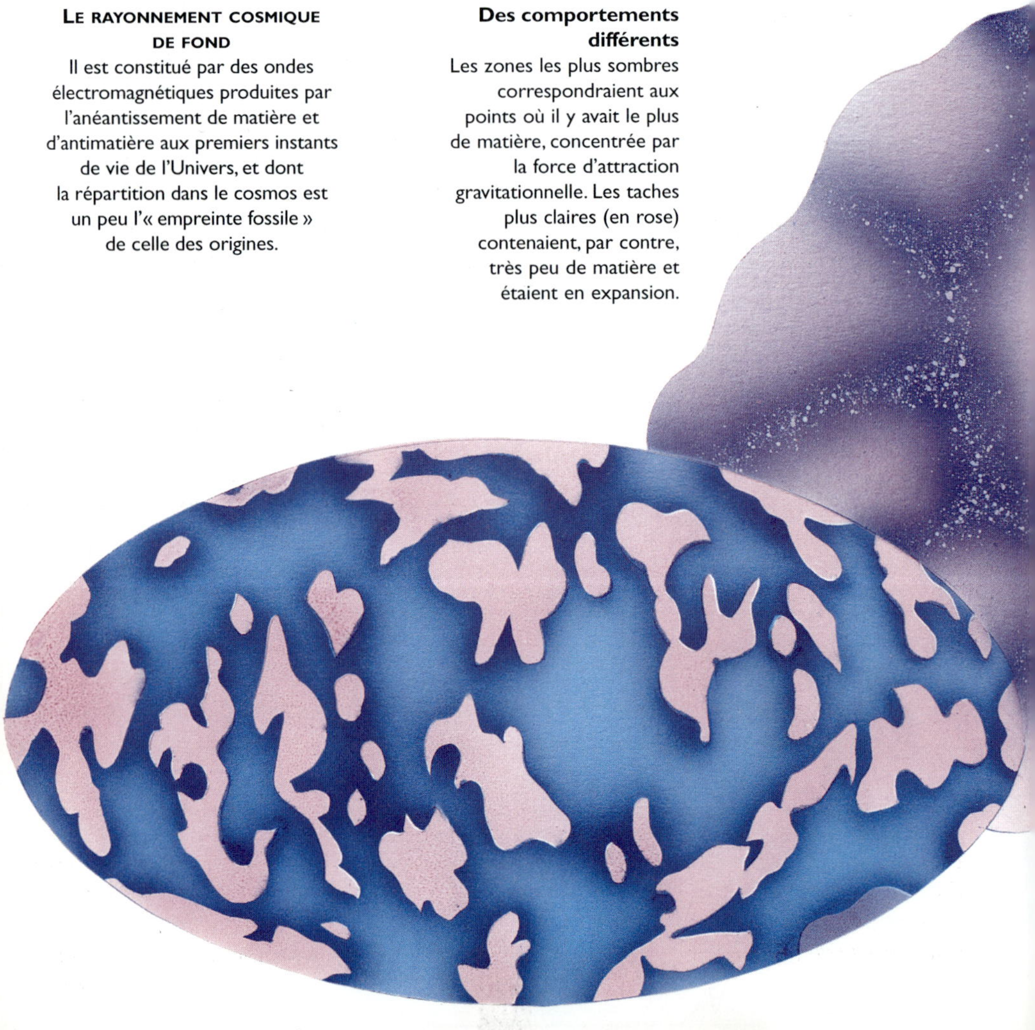

Le rayonnement cosmique de fond
Il est constitué par des ondes électromagnétiques produites par l'anéantissement de matière et d'antimatière aux premiers instants de vie de l'Univers, et dont la répartition dans le cosmos est un peu l'« empreinte fossile » de celle des origines.

Des comportements différents
Les zones les plus sombres correspondraient aux points où il y avait le plus de matière, concentrée par la force d'attraction gravitationnelle. Les taches plus claires (en rose) contenaient, par contre, très peu de matière et étaient en expansion.

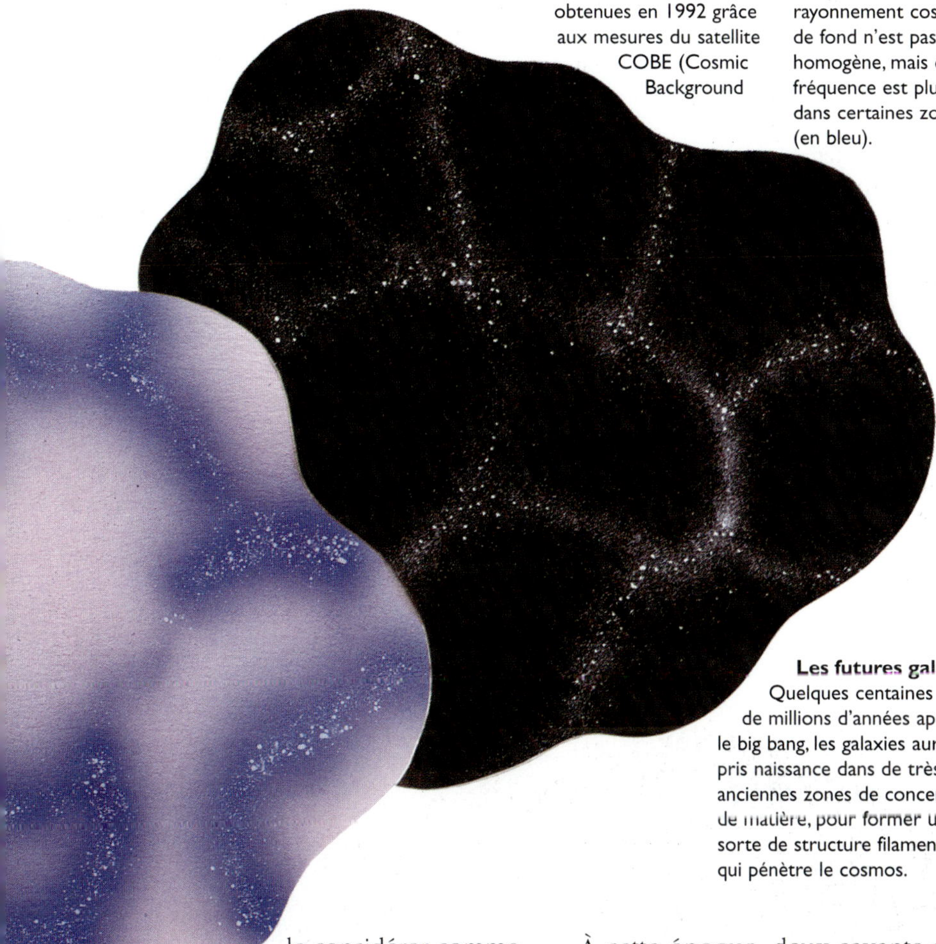

L'œil de COBE
Ces images ont été obtenues en 1992 grâce aux mesures du satellite COBE (Cosmic Background Explorer) et montrent comment le rayonnement cosmique de fond n'est pas homogène, mais que sa fréquence est plus basse dans certaines zones (en bleu).

Les futures galaxies
Quelques centaines de millions d'années après le big bang, les galaxies auraient pris naissance dans de très anciennes zones de concentration de matière, pour former une sorte de structure filamentaire qui pénètre le cosmos.

le considérer comme le fruit d'une évaluation erronée. Il déclara ensuite que cela avait été la plus grande erreur de sa vie! Pour aussi séduisante qu'elle soit, la théorie du big bang n'a pas été adoptée immédiatement. Aujourd'hui encore, les sceptiques sont nombreux. Elle a toutefois acquis de la crédibilité dans les années 1960.

À cette époque, deux savants américains, Arno Penzias et Robert Wilson, qui travaillaient pour la compagnie téléphonique Bell, en tentant d'éliminer des interférences à la réception sur une antenne radio, découvrirent l'existence d'un rayonnement cosmique dit « de fond ». Il s'agit d'une radiation électromagnétique dans la bande des micro-ondes (d'une longueur d'onde sem-

Quel est l'éloignement des corps célestes ?
Il n'est pas aisé de mesurer les distances dans l'espace. Une méthode efficace se base sur l'observation de la lumière émise par les corps célestes : deux étoiles de même luminosité apparaissent plus ou moins brillantes suivant leur éloignement. Par exemple, si l'une d'elles paraît 4 fois moins brillante que l'autre, cela signifie qu'elle est 2 fois plus éloignée.

L'année-lumière
(ou année de lumière) est l'unité de mesure des distances cosmiques. Une année-lumière (a.-l.) est la distance parcourue par la lumière dans le vide, soit environ 9 460 milliards de km.

Alpha et Bêta du Centaure
sont deux étoiles qui ont une structure et une luminosité très semblables. Alpha paraît plus brillante parce que plus proche.

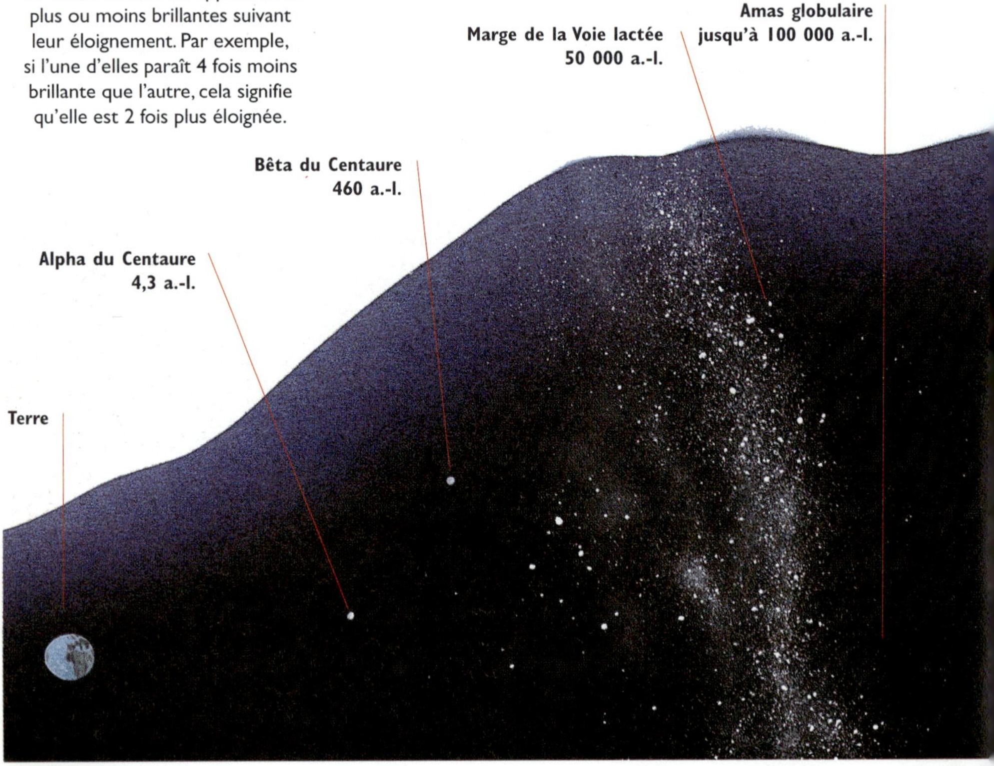

blablable à celle produite par les fours à micro-ondes) qui emplit tout le cosmos. Selon les deux chercheurs, il est très probable qu'elle se soit produite au cours de la première période de vie de l'Univers, à la suite du processus d'anéantissement de la matière et de l'antimatière. Une troisième preuve en faveur du big bang est apportée par le rapport entre les quantités d'hydrogène et d'hélium présentes dans le cosmos, qui ont pu être déterminées, d'après les astrophysiciens, en vertu des très hautes températures prévues au cours des premières phases de l'expansion de notre Univers.

La galaxie d'Andromède est la plus proche de nous. C'est aussi le plus lointain objet visible à l'œil nu. Elle apparaît, dans la constellation d'Andromède, comme une tache faiblement lumineuse.

L'amas de la Vierge Les galaxies sont parfois regroupées en amas. Le plus proche est celui de la Vierge, qui comprend plusieurs centaines de galaxies.

Les berceaux des étoiles

Si l'hypothétique photographie expédiée par notre ami nous parvenait rapidement, la différence entre l'image représentée et le sujet réel serait pratiquement négligeable, alors qu'elle serait assez substantielle s'il lui fallait des années pour arriver jusqu'à nous.

Un raisonnement analogue est aussi valable à l'échelle cosmique : la lumière met environ 8 minutes pour venir du Soleil jusqu'à nous, et l'image du disque flamboyant que nous observons à tout moment dans le ciel correspond donc, en réalité, à celle de quelques minutes auparavant. En fait, nous pouvons

négliger cet effet, car l'aspect de notre étoile ne change pas en un temps aussi court. Quand on regarde, en revanche, des objets distants de millions d'années-lumière, l'image qui nous parvient correspond à un corps céleste différent, ou même qui n'existe plus. Donc, si l'hypothèse du big bang est fondée, et si l'œil de nos instruments portait jusqu'à une distance de 15 milliards d'années-lumière, nous pourrions voir la naissance de l'Univers. On ne va pas si loin en pratique, mais les télescopes les plus modernes sont assez puissants pour recueillir la lumière produite par ces

Les lois de l'Univers

Tous les corps se trouvant dans l'Univers sont soumis à la force de gravité qu'ils exercent les uns sur les autres. Cette force contribue à déterminer les mouvements des corps célestes.

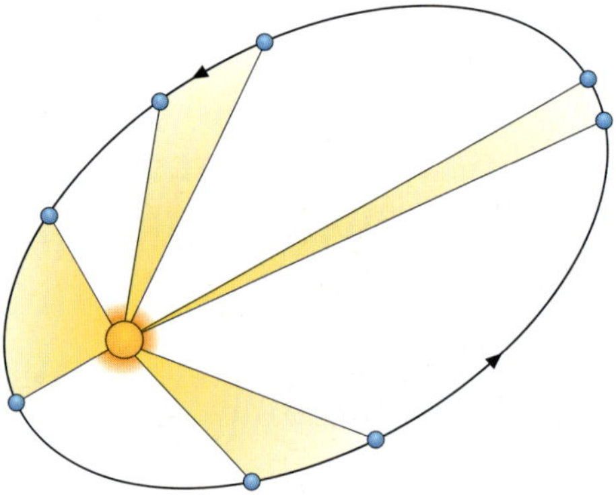

Kepler a observé que les planètes se meuvent autour du Soleil selon une orbite elliptique, et que la droite Soleil/Planète « balaie » des aires égales en des temps égaux (les parties ombrées indiquent des aires égales, et la loi implique que la planète se déplace plus rapidement lorsqu'elle est plus proche de l'étoile).

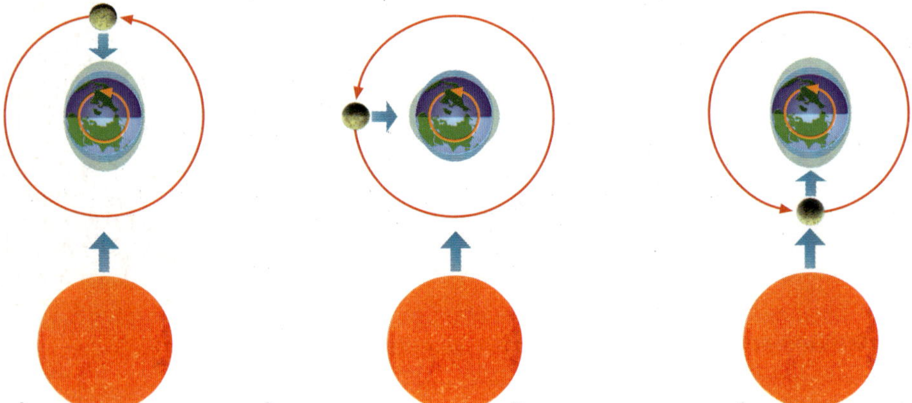

1 2 3 4

Les marées
La Lune tourne autour de la Terre parce qu'elle subit son attraction gravitationnelle. Naturellement, elle attire aussi la Terre, et cet effet se fait surtout sentir sur les eaux des océans, provoquant les marées. Celles-ci sont plus fortes quand la Lune, le Soleil et la Terre sont alignés (1 et 3) et que leurs actions gravitationnelles s'ajoutent. Elles sont au contraire plus faibles (2 et 4) quand ces actions se retranchent.

Isaac Newton comprit, quelques années après Kepler, que les planètes se déplacent autour d'une étoile parce qu'elles sont reliées par une invisible « laisse », déterminée par la gravité. Le Soleil aussi est attiré par les planètes, mais les effets qui en résultent sont imperceptibles, car sa masse est beaucoup plus grande que la leur.

Albert Einstein a énoncé la théorie de la relativité générale. C'est une extension des lois de Newton, selon laquelle, entre autres, la lumière est également soumise à la force de gravité.

sources éloignées d'environ 12 milliards d'années-lumière. Là-haut, aux limites du temps et du visible, brillent de surprenants objets bleus : les quasars. Ils doivent être très chauds, car une telle lumière est émise par des corps à très haute température, et leur diamètre est égal à des dizaines de fois celui de notre système solaire tout entier. Ces « monstres célestes » sont probablement des galaxies en formation. Naturellement, elles ont aujourd'hui un aspect très différent de celui de la « photo » qui nous parvient, car il correspond à leur état relativement peu de temps après la formation de l'Univers. Peut-être, dans

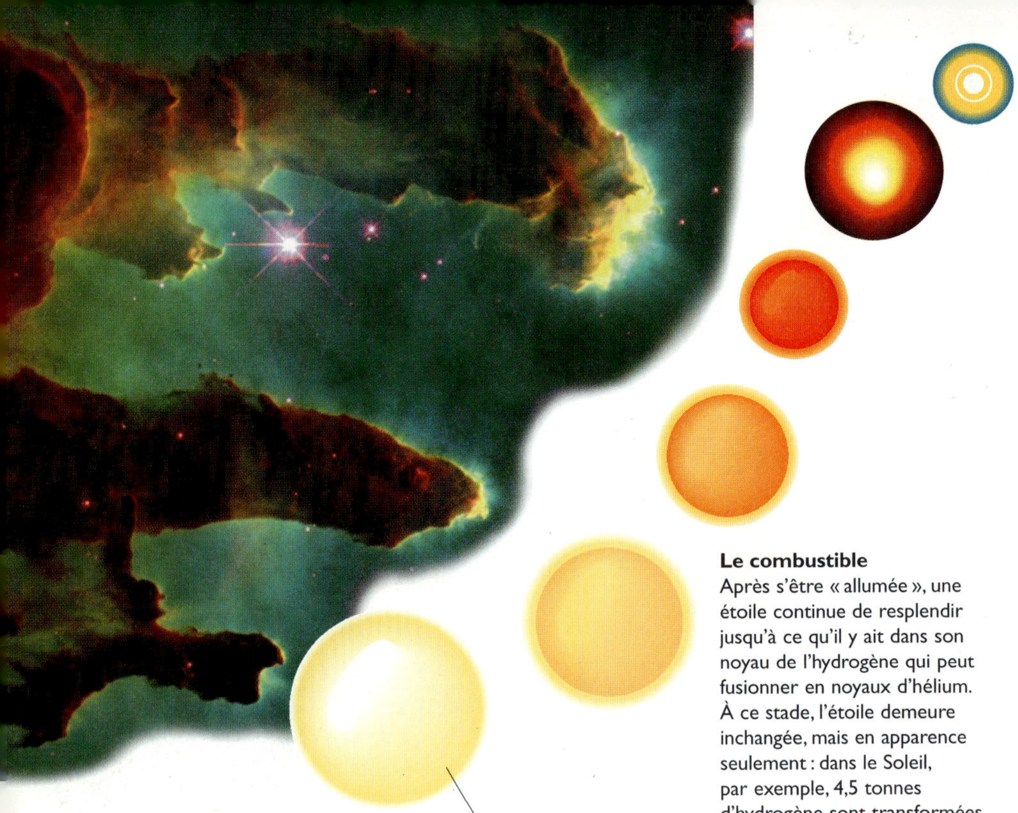

Le combustible
Après s'être « allumée », une étoile continue de resplendir jusqu'à ce qu'il y ait dans son noyau de l'hydrogène qui peut fusionner en noyaux d'hélium. À ce stade, l'étoile demeure inchangée, mais en apparence seulement : dans le Soleil, par exemple, 4,5 tonnes d'hydrogène sont transformées en énergie chaque seconde.

LA VIE D'UNE ÉTOILE
Les étoiles ne sont pas éternelles et leur vie dure quelques millions ou milliards d'années. Elle est plus brève pour les plus grandes, parce qu'elles irradient une énorme énergie et se consument plus rapidement.

Les étoiles naissent dans un nuage de gaz. Elles commencent à briller lorsque les premières réactions de fusion nucléaire interviennent dans leur noyau, c'est-à-dire quand le gaz est assez compact pour atteindre une température d'environ 10 millions de degrés.

l'une d'entre elles, se trouve-t-il un astronome admirant, dans un quasar éloigné, l'aspect de notre Voie lactée à l'aube de son existence.

Comment se sont formés les quasars ? Comme on l'a vu, la gigantesque explosion du big bang aurait provoqué la formation de la matière et, en particulier, après un certain temps, d'atomes d'hydrogène et d'hélium. Ceux-ci tendraient à s'attirer, comme l'indiquent les lois de Newton selon lesquelles deux corps quelconques s'attirent réciproquement avec une force, dite gravitationnelle (ou de gravitation) proportionnelle à leur

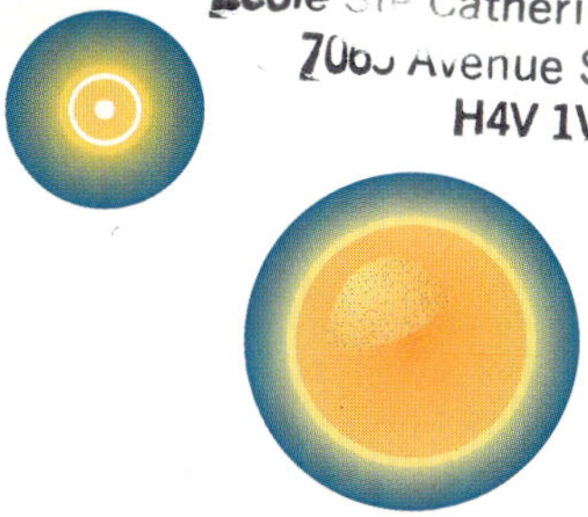

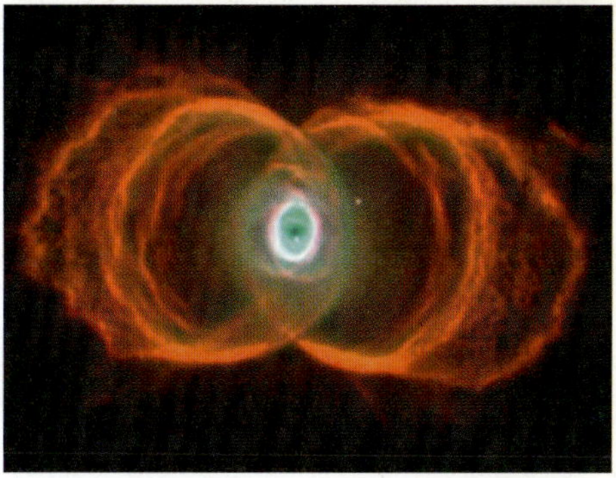

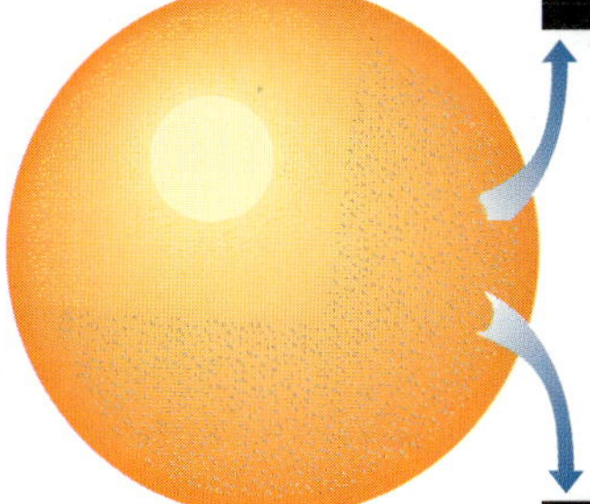

L'étoile devient une géante rouge quand, l'hydrogène ayant disparu dans la zone centrale, la région externe de l'étoile se détend et se refroidit. Son destin dépend ensuite de sa masse initiale : grande comme 3 à 4 fois le Soleil, elle pourrait devenir une naine blanche (ci-dessous). Plus grande, elle pourrait poursuivre son activité, puis exploser comme une supernova.

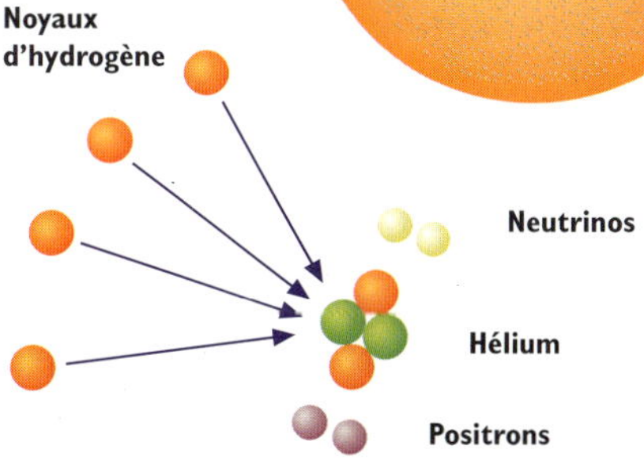

La fusion nucléaire
Dans les étoiles, les noyaux d'hydrogène fusionnent, créant de l'hélium, 2 positrons et 2 neutrinos, et émettent de l'énergie, sous forme de rayons gamma (rayonnement électromagnétique invisible de haute énergie).

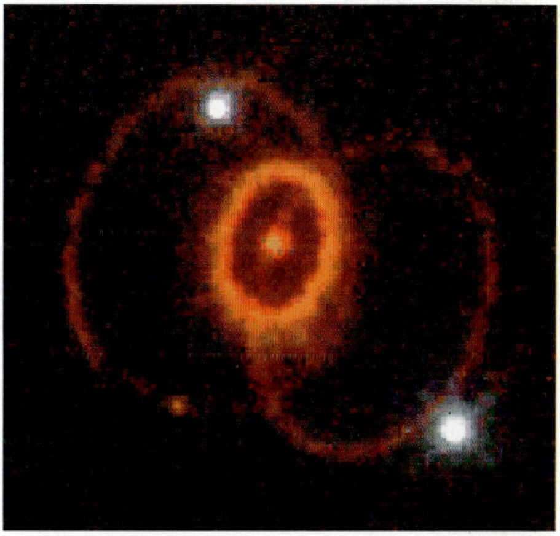

masse. Cette force agit également sur nous, et nous maintient sur la surface de la Terre. Naturellement, nous « attirons », nous aussi, notre planète, mais cet effet est négligeable, notre masse étant dérisoire par rapport à la sienne. La force de gravitation était initialement contrecarrée par la poussée d'expansion créée par le big bang, et les atomes ne pouvaient se joindre, comme deux personnes emportées par un fleuve impétueux, ne réussissant pas à nager l'une vers l'autre.

Cet effet s'est atténué seulement après des centaines de millions d'années. Alors, dans certains points de l'Univers où, par hasard, se trouvaient accumulés

Les couleurs des étoiles

Au cours de la première phase de leur vie, alors qu'elles brûlent de l'énergie, les étoiles sont d'autant plus chaudes et bleues qu'elles sont grandes, et les plus petites sont rouges et froides. Le Soleil apparaît orangé et la température à sa surface est de 6 000 K (kelvin).

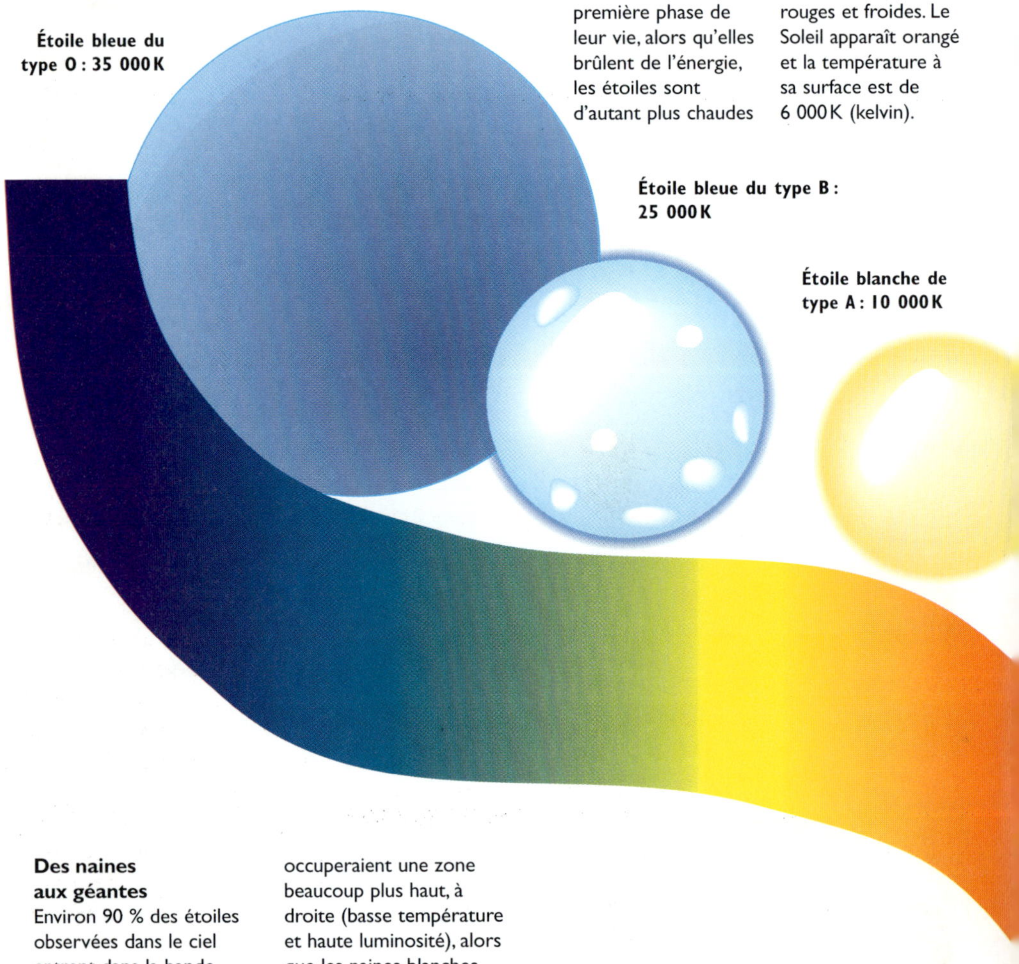

Des naines aux géantes

Environ 90 % des étoiles observées dans le ciel entrent dans la bande illustrant ce diagramme. Parmi le reste, les géantes rouges, par exemple, occuperaient une zone beaucoup plus haut, à droite (basse température et haute luminosité), alors que les naines blanches seraient en bas, à gauche (haute température et faible luminosité).

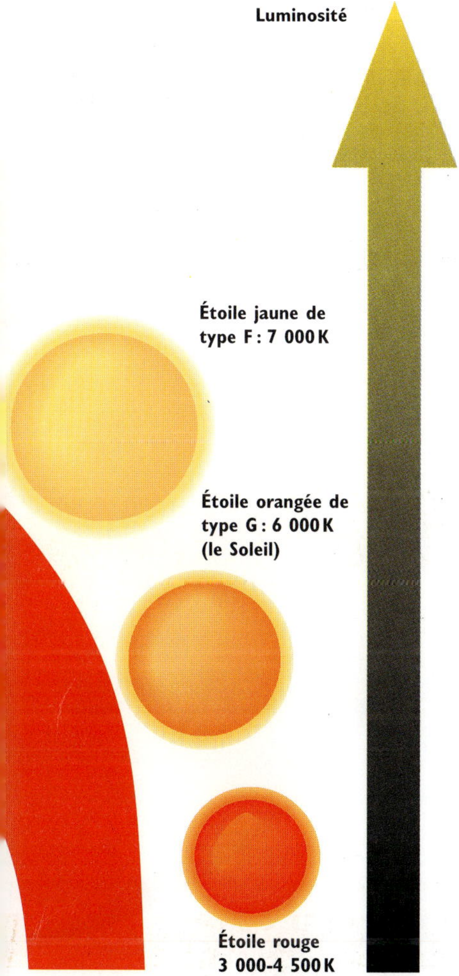

Les divers types d'étoiles
Les étoiles ne sont pas toutes semblables et elles diffèrent par leurs dimensions, leur masse, leur couleur et leur composition chimique. Ces caractéristiques ont des relations entre elles.

de nombreux atomes, se sont formés les premiers nuages de gaz. Et plus ils étaient grands, plus intense était leur force de gravitation, qui les faisait s'enrichir d'autres matières.

De tels rassemblements de gaz tendaient à devenir toujours plus denses dans leur zone centrale. En fait, les atomes situés à la périphérie du nuage étaient principalement attirés par ceux localisés au « cœur » de celui-ci, alors que ceux du centre étaient pratiquement en équilibre, car ils subissaient l'attraction de la matière présente autour d'eux, dans toutes les directions. Un peu comme lorsque des personnes assises autour d'une table tirent vers elles, avec une force égale, un objet placé au centre : leurs tractions se neutralisent et l'objet reste immobile.

Les étoiles

En un certain point de l'intérieur des nuages de gaz constituant les protogalaxies commencèrent à apparaître des irrégularités, en particulier là où la matière était plus rassemblée. Certains de ces « sous-nuages » devinrent alors tellement denses et chauds dans leur noyau central que les noyaux des atomes d'hydrogène en arrivèrent à fusionner, créant ainsi des noyaux d'atomes d'hélium.

De telles réactions de fusion nucléaire produisent une grande quantité d'énergie, émise sous forme de rayons lumineux invisibles, et quand elles s'amorcent, une étoile s'allume. Toutes les étoiles ne s'allument pas, mais seulement celles qui sont nées d'un nuage de gaz dont la masse est au

moins égale à un dixième de celle du Soleil. Les nuages plus petits donnent naissance à des étoiles manquées, dites naines noires, qui ne s'allumeront jamais et ne sont localisables que par une faible émission d'ondes électromagnétiques à basse fréquence (ou radiations infrarouges). Une fois amorcées, les réactions de fusion nucléaire se poursuivent dans le noyau de l'étoile tant que l'hydrogène n'est pas entièrement consumé. À ce stade, l'énergie émise dans la zone centrale de l'astre s'oppose à la force de gravitation et l'empêche de devenir plus compact. Cet effet s'atténue quand tout l'hydrogène a été consumé, et le nuage de gaz devient plus dense. Si l'étoile a une masse suffisante, le processus se poursuit jusqu'à ce que son intérieur devienne compact et s'échauffe, en créant, cette fois, des noyaux de carbone. L'étoile subit à ce moment une soudaine expansion et se transforme en une étoile géante rouge. Les réactions se poursuivent et produisent des éléments de plus en plus lourds, jusqu'à ce que l'astre ait une masse suffisante pour permettre l'entière succession de fusions nucléaires (qui nécessitent une température de plus en plus élevée). En revanche, les étoiles d'une masse assez faible terminent leur activité plus précocement, traversent une série de phases plutôt turbulentes et achèvent leur existence comme naines blanches. Celles-ci ont, au départ, une température très élevée et irradient, comme d'énormes poches d'eau chaude, l'énergie emmagasinée alors qu'elles brûlent du combustible

Le Soleil
est une étoile de moyenne grandeur. Il est composé d'environ 75 % d'hydrogène, de 25 % d'hélium et de peu d'éléments plus lourds. Son diamètre est de 1,4 million de km et sa masse est égale à celle de 333 000 planètes comme la Terre. Relativement jeune, il a environ 5 milliards d'années et en vivra autant, avant de devenir une naine blanche.

Sa surface
est la photosphère, d'une température d'environ 6 000 K. Elle n'est pas homogène, mais présente des zones plus froides et subit des perturbations dites tempêtes solaires.

La zone de convection
Dans la couche périphérique, les gaz forment de grands courants, avec des mouvements turbulents de convection. En effet, les gaz de l'intérieur se réchauffent, montent vers la surface, où ils refroidissent, et redescendent ensuite (de la même façon que l'eau contenue dans une casserole placée sur le feu).

La zone radiative
entoure le noyau. La température du gaz y descend autour de 7 millions de degrés environ.

Le noyau
atteint environ 15 millions de degrés ; il est le siège de réactions de fusion nucléaire.

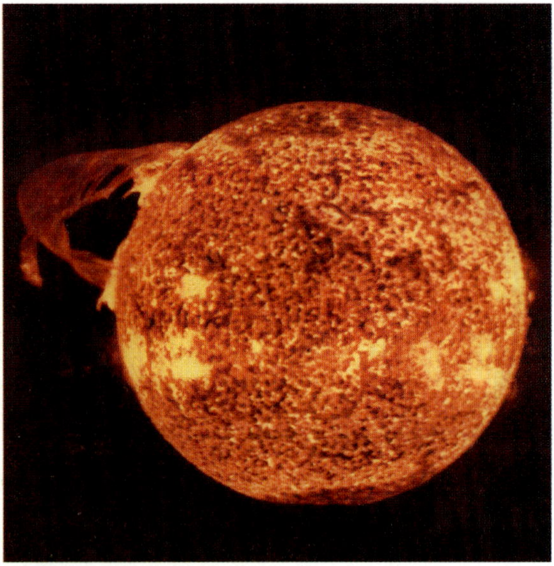

TACHES, PROTUBÉRANCES ET TEMPÊTES

Elles agitent la surface du Soleil et sont dues à l'altération du fort champ magnétique de notre étoile. Elles suivent un rythme périodique, avec des pics de grande intensité, tous les 11 ans environ.

Les protubérances sont d'énormes jets d'hydrogène incandescent, hauts d'environ 40 fois le diamètre de la Terre, lancés à la vitesse de centaines de kilomètres à la seconde.

1

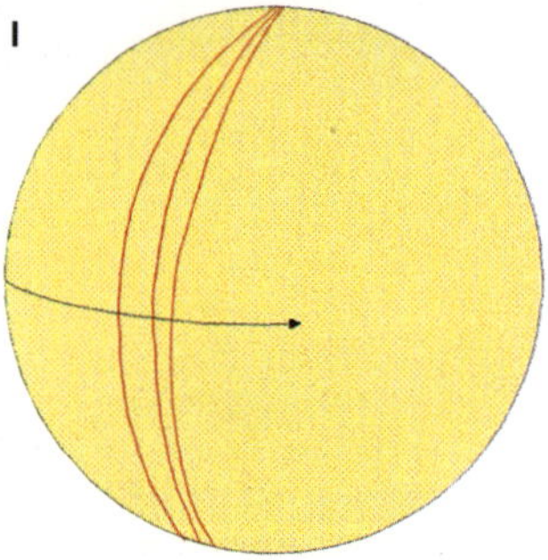

2

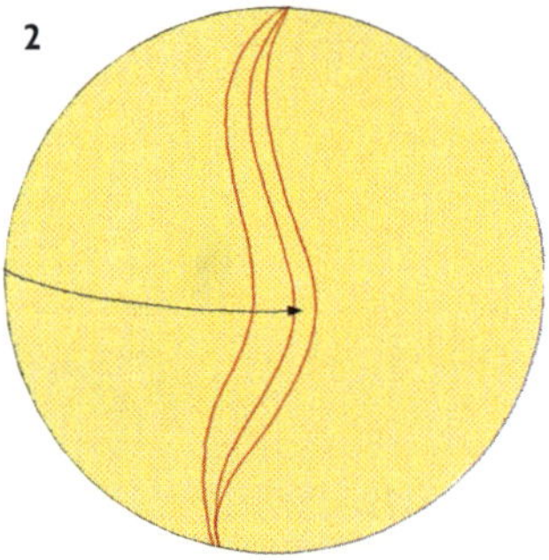

L'origine des perturbations

Le Soleil tourne sur lui-même. Mais comme il est gazeux, il ne se comporte pas comme un corps rigide : certaines régions se déplacent donc plus rapidement que d'autres. En conséquence, les lignes de force du champ magnétique, nées à ses pôles, s'enchevêtrent progressivement, créant ainsi une tension qui, en se déchargeant, provoque de grandes perturbations.

4

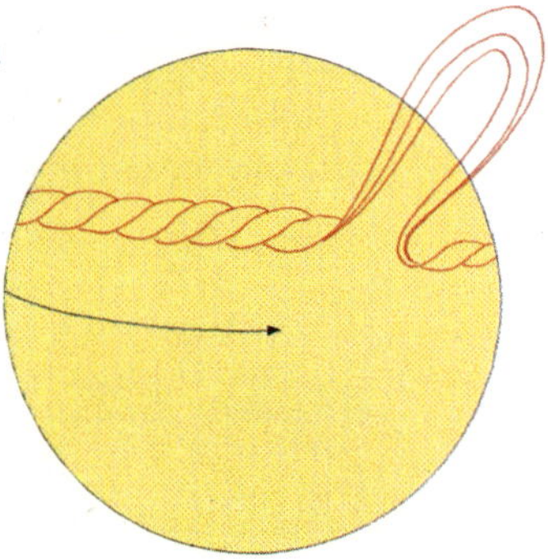

3

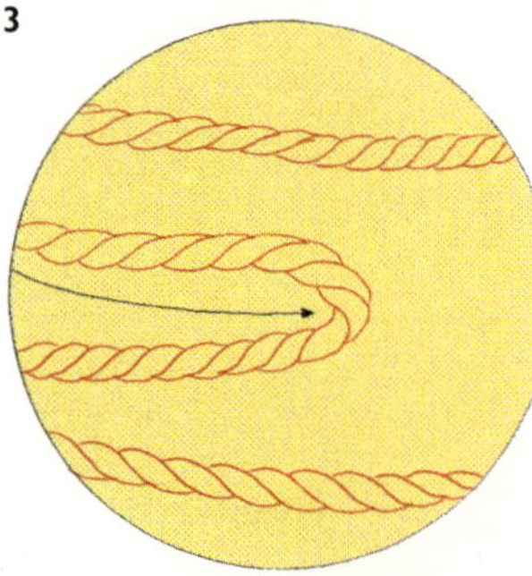

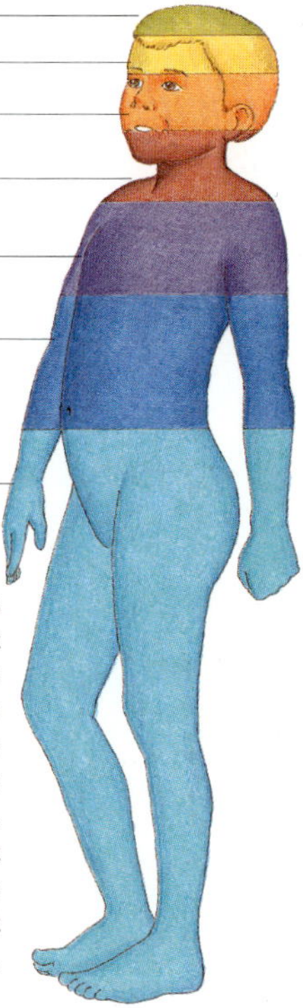

Poussières d'étoiles
Tous les éléments existant dans l'Univers se sont formés dans une étoile (à l'exception de l'hydrogène, d'une partie de l'hélium et de quelques éléments plus légers). Le carbone, l'oxygène et chaque autre atome composant notre corps ont eu leur origine dans un astre.

Les taches solaires ont une température d'environ 4 500 K, alors que le reste de la surface est à 6 000 K. Les grains, larges de 1 000 km, sont des bulles incandescentes provenant des couches inférieures de l'étoile.

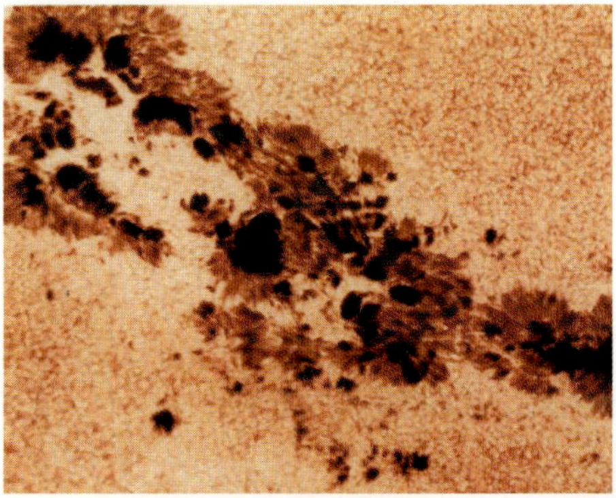

nucléaire. Après une certaine période, de l'ordre de centaines de millions d'années, les naines blanches s'affaiblissent jusqu'à devenir invisibles, même pour les télescopes les plus puissants.

Supernovae, pulsars et trous noirs

Chez les étoiles plus grandes, les réactions de fusion nucléaire se succèdent, en créant des noyaux atomiques aux dimensions de plus en plus étendues. Avec le temps, elles finissent par acquérir une structure stratifiée, semblable à celle d'un oignon, avec à la périphérie les atomes les plus légers, les atomes de plus en plus lourds allant vers le centre. Un changement radical intervient lorsque la zone centrale de l'astre arrive à être composée uniquement de noyaux ferreux. La fusion de deux d'entre eux ne produit pas, en fait, de l'énergie, comme toutes celles intervenant entre noyaux plus petits, mais au contraire en demande. L'absorption d'énergie de la part du « cœur » de l'étoile fait qu'elle subit une soudaine contraction vers son centre, où se crée alors une inimaginable accumulation de matière. Cette situation est extrêmement instable et dure peu : l'étoile explose presque immédiatement, émettant en quelques instants plus d'énergie qu'elle n'en a produit durant toute son existence. Elle apparaît alors très brillante et prend le nom de supernova. L'explosion projette dans l'espace une partie de la matière qui constituait l'étoile et, à sa place, ne demeure qu'un petit noyau très dense de neutrons (issus de l'accouplement

de protons et d'électrons, seulement possible à ces énormes densités). Ces corps célestes sont dits « étoiles de neutrons ». Ils ont généralement un diamètre de quelques kilomètres, mais une masse énorme, car ils contiennent beaucoup de matière extrêmement compacte. Il suffit de penser qu'une petite cuillère de celle-ci pèserait sur la Terre un milliard de tonnes. Ces étoiles tournent vertigineusement sur elles-mêmes, et l'on décèle leur présence parce qu'elles émettent de fins réseaux d'une radiation perçue à terre par intermittence, d'où leur nom de « pulsar ».

LA MORT DES GÉANTS
L'explosion d'une supernova est un événement aux proportions colossales, durant lequel l'étoile qui meurt peut émettre autant d'énergie qu'une galaxie entière.

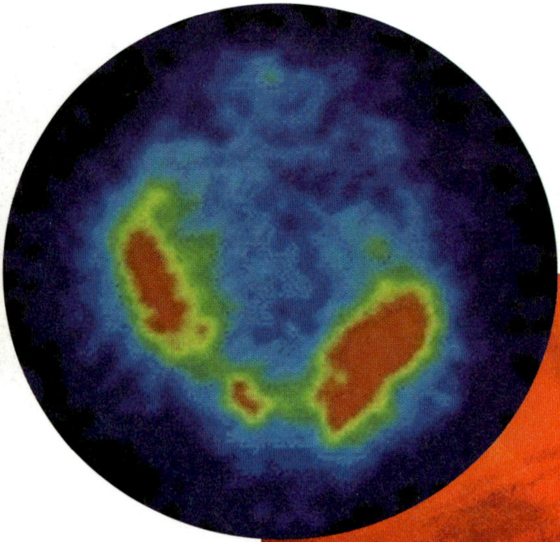

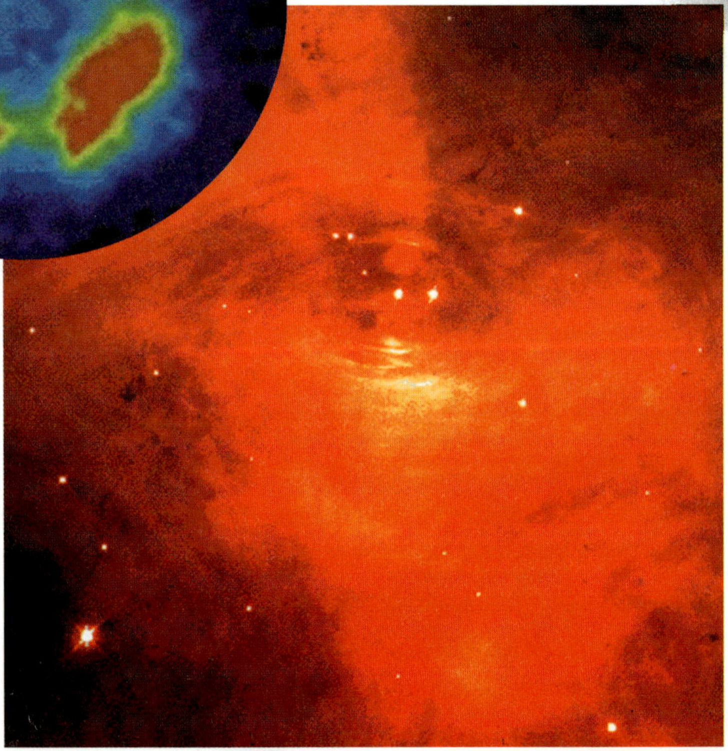

Après la catastrophe
Les restes de la supernova Cas A (ci-dessus), dans la constellation de Cassiopée, ont été photographiés aux rayons X par le satellite Exosat. L'image montre des aires rouges, correspondant à des zones émettant encore beaucoup d'énergie sous forme de rayons X.

Un cimetière d'étoiles
La Nébuleuse du Crabe, à 5 000 années-lumière de nous, contient un pulsar (ci-contre), né d'une étoile qui a explosé, produisant une lumière bien visible de la Terre, en 1054. Le phénomène a été observé avec beaucoup de curiosité par les astronomes chinois.

Les trous noirs
ne sont pas visibles parce qu'ils n'émettent ni lumière ni aucune autre radiation électromagnétique. La démonstration de leur existence est indirecte, basée sur des phénomènes d'émissions énergétiques anomales et sur le mouvement particulier d'étoiles environnant un trou noir présumé.

Les grandes étoiles ne finissent pas toutes en étoiles de neutrons (ou pulsars). Celles dont le noyau était grand comme au moins 3 fois le Soleil connaissent un destin encore plus extraordinaire : le noyau de neutrons formé après l'explosion de la supernova continue à se contracter vers son propre centre de façon inexorable, jusqu'à se réduire à un trou noir, c'est-à-dire un point d'une densité indescriptiblement grande. Le nom de « trou noir » vient de ce que sa force de gravité est tellement intense que la lumière même, le phénomène le plus rapide dans la nature, ne peut s'en échapper.

Le système solaire
comprend le Soleil, 9 planètes, avec leurs satellites et une myriade d'astéroïdes et de météorites, ainsi que des poussières interplanétaires. En outre, dans sa région périphérique, à environ 10 milliards de km de notre étoile, se trouve le nuage d'Oort, d'où paraissent provenir les comètes. La lumière produite par le Soleil met plus d'un an pour atteindre les limites du système solaire.

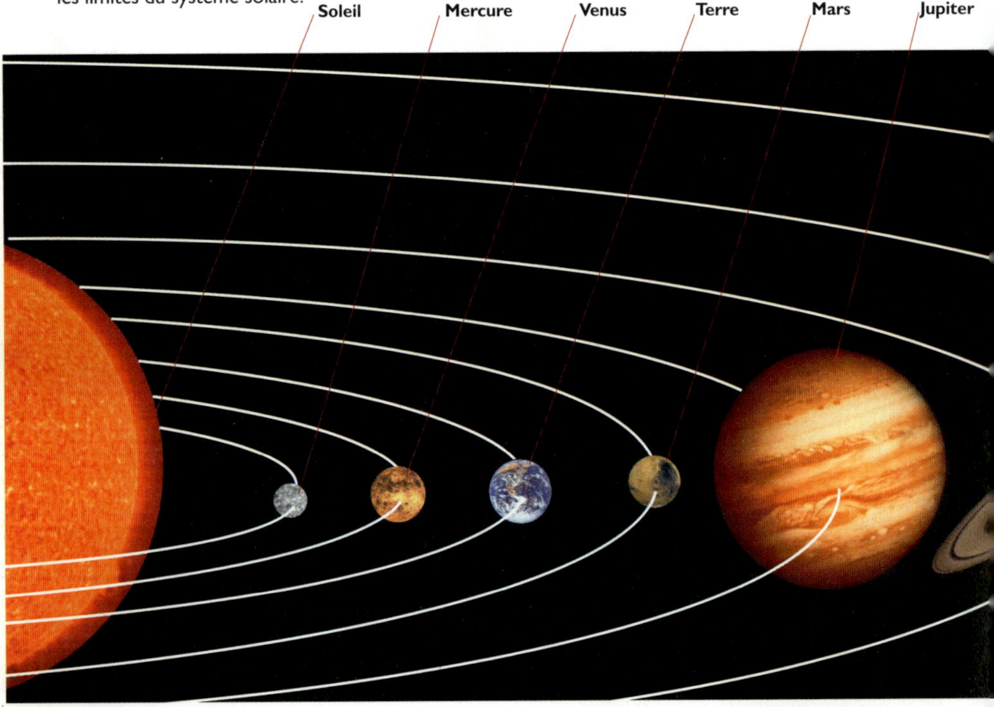

Étoiles de la seconde génération et planètes

Nous avons vu que tous les éléments chimiques existant dans l'Univers se sont créés à la suite des réactions de fusion nucléaire survenues à l'intérieur d'une étoile, à l'exception de l'hydrogène, d'une partie de l'hélium et de quelques autres éléments légers (comme le lithium ou le béryllium) qui ont été produits aussitôt après le big bang. Avec la mort des étoiles sous la forme de supernovae, cette matière est projetée dans l'espace, où il peut arriver qu'elle forme des condensations d'où naissent d'autres étoiles, selon un processus analogue à celui que nous avons décrit. C'est d'un nuage de ce genre que

La masse du Soleil
représente 99 % de celle
du système solaire.
Le reste, 1 %,
est constitué par les planètes.

L'origine de Pluton
serait différente de celle des autres planètes, car, entre autres considérations, c'est une planète solide, alors que les autres planètes du système solaire extérieures à Mars sont gazeuses. Il est possible que Pluton ne soit pas née avec le système solaire, mais venue d'autres régions de l'espace.

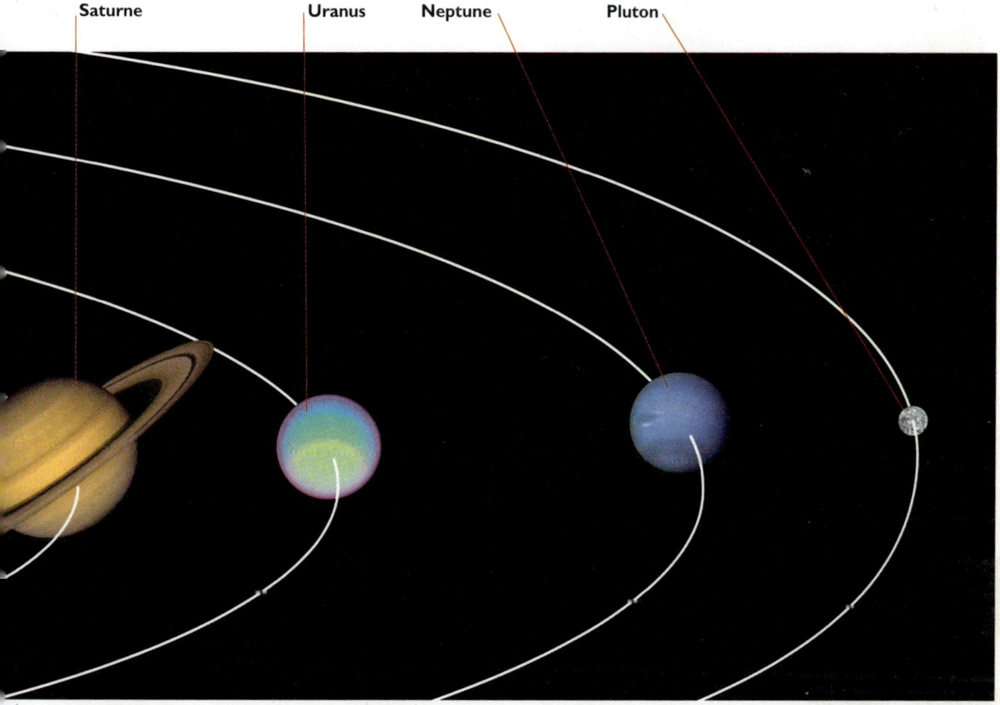

naquit, il y a environ 5 milliards d'années, le Soleil, qui n'est donc pas une étoile de la première génération, car l'amas de gaz d'où il vient contenait de la matière produite par l'explosion d'autres corps célestes. Dans un tel nuage se trouvaient naturellement aussi des atomes lourds et des poussières, qui tournaient autour du noyau central sous la forme d'une sorte de disque créant parfois de petits amas. Certains de ceux-ci ont grossi au point de former des corps de grandes dimensions : les planètes. Près du centre du nuage, les éléments les plus légers ont été chassés par le vent solaire, un flux de particules que le Soleil, comme chaque étoile, émet continuellement. Dans cette zone

La Terre primitive
Les planètes se sont formées peu après le Soleil, et la Terre a vu la lumière il y a environ 4,6 milliards d'années. Il est très difficile de décrire avec exactitude son aspect au début de son existence, comme de dire dans quel milieu a pris naissance la vie.

L'aube de la Terre
À la naissance du système solaire se sont formées des myriades de petits corps rocheux, dont beaucoup sont entrés en collision avec les planètes. La Terre aussi a subi un tel bombardement de météorites, qui contribuèrent à accroître son volume.

ont donc été concentrés seulement les éléments les plus lourds, et de cette concentration sont nées les planètes rocheuses de type terrestre, comme Mercure, Vénus, la Terre et Mars. Dans les zones périphériques, plus riches en gaz d'hydrogène et d'hélium, ont été formées les planètes gazeuses géantes, comme Jupiter et Saturne. Les résidus de poussière et de gaz faisant partie du nuage originel ont été attirés par les planètes et le Soleil, ou chassés par le vent solaire. Des fragments rocheux de plus grandes dimensions sont restés en orbite autour du Soleil ou des planètes. De la même façon se sont créés tous les systèmes semblables à celui du Soleil, constitués d'une étoile et d'une ou plusieurs planètes. Une autre structure, assez fréquente, est celle de systèmes dans lesquels sont issues du nuage initial deux ou plusieurs étoiles.

Le bouillon tiède
Les premières molécules organiques ont pu se former dans un étang tiède, lorsque la Terre a été suffisamment refroidie. Cette hypothèse a connu un grand succès et a été soutenue par Charles Darwin.

Le globe ardent
Beaucoup pensent que la Terre était, à sa formation, très chaude et agitée par une très violente activité volcanique. Ce sont peut-être les très hautes températures qui ont permis la synthèse des premières molécules organiques.

Le royaume des glaces
D'aucuns soutiennent qu'aux premiers temps de son existence la Terre était glacée. Ce qui aurait permis aux premières molécules organiques, en particulier certains acides aminés, de demeurer stables et de s'accumuler

Le système solaire

On ne perçoit à l'œil nu que 5 des 8 planètes faisant partie avec la Terre du système solaire. Pour observer les plus lointaines, un télescope est nécessaire. Malgré les progrès techniques, de nombreuses caractéristiques de ce système nous sont encore inconnues.

La Terre
C'est naturellement la planète la mieux connue du système solaire, mais, contrairement à ce que l'on peut imaginer, nous sommes bien loin de tout savoir d'elle. Elle tourne autour du Soleil, en parcourant à la vitesse d'environ 30 km à la seconde (108 000 km à l'heure!) une orbite légèrement elliptique, avec une distance moyenne de l'étoile d'environ 150 millions de km. Comme toutes les planètes et tous les satellites, elle a hérité une partie de la rotation propre à la matière qui consti-

La biosphère
On appelle ainsi la ceinture de la Terre dans laquelle se trouvent des êtres vivants. Elle est épaisse d'environ 20 km et va des abysses, profonds de 11 km, à environ 9 700 m au-dessus du niveau de la mer.

tuait la nébuleuse protoplanétaire d'où elle est issue. C'est pour cela qu'elle tourne aussi sur elle-même, autour d'un axe dont les intersections avec sa surface correspondent aux deux pôles. En raison de la force centrifuge créée par cette rotation, qui est nulle aux pôles et croît vers l'équateur, la Terre s'est solidifiée en prenant une forme qui n'est pas une sphère parfaite, mais un peu aplatie aux pôles. La distance d'un point de la surface au centre de la planète est de 6356 km au pôle, alors qu'elle s'élève à 6 378 km du centre à un point extrême de l'équateur. La connaissance directe que nous avons de la grande masse terrestre est, littéralement, très superficielle. Le puits le

LA TERRE

Vue de l'espace, elle apparaît comme un globe bleu, partiellement entouré de nuages et entrecoupé de la couleur ocre des continents. Ceux-ci couvrent à peine 30 % de la superficie terrestre. Notre planète est entourée d'une atmosphère gazeuse épaisse d'environ 800 km et composée principalement d'azote et d'oxygène.

La croûte
est la mince enveloppe rocheuse sur laquelle prennent appui tous les êtres vivants. Dans les fonds océaniques, elle a une épaisseur de 5 à 10 km, qui atteint 40 à 75 km sous les continents.

Le manteau
est formé de roches à la température de 1 500 à 3 000 °C, sans cesse brassées par des courants très lents.

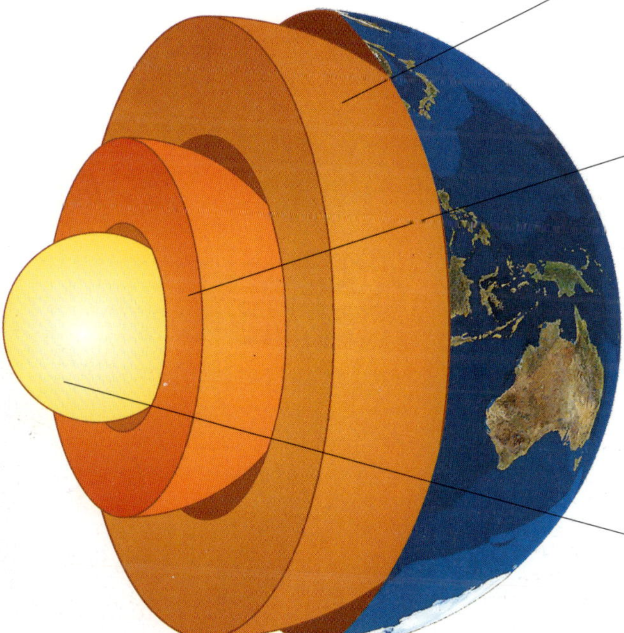

Le noyau externe
contient des métaux lourds, comme le fer et le nickel, à l'état liquide. Des courants les mettent en mouvement, et cette couche se comporte ainsi comme une gigantesque dynamo qui produit le champ magnétique terrestre.

Le noyau interne
est probablement un bloc solide de fer et de nickel d'environ 1 370 km de diamètre.

Les phases lunaires
Comme toutes les planètes, la Lune n'émet pas de lumière, mais elle brille de celle qu'elle reflète. Nous en voyons parfois son disque entier, et parfois seulement un quartier, parce que, en tournant autour de nous, elle modifie sa position par rapport au Soleil, qui en éclaire ainsi des portions différentes.

Les nuits sans lune ont lieu quand la Lune n'est pas visible de la Terre. Le Soleil est aligné derrière la Lune éclairant alors la face opposée du satellite.

L'orbite de la Lune
La Lune a la même période de rotation sur elle-même et autour de la Terre, soit 27,3 jours. C'est pour cela qu'elle nous montre toujours la même face.

La pleine lune est visible quand le Soleil, la Terre et la Lune sont presque en alignement, et que le Soleil éclaire toute la face que la Lune nous présente.

plus profond jamais creusé ne descend qu'à 12 km à peine sous la surface du sol ! Le légendaire voyage au centre de la Terre, non seulement n'a jamais été accompli, mais n'est encore pas même envisagé. Cependant, nous avons une idée assez précise de la structure de notre globe, surtout grâce aux informations déduites de l'étude de la propagation et de la réflexion des vibrations et des ondes produites lors des tremblements de terre. Nous savons, en outre, que la Terre produit un champ magnétique, et donc se comporte comme un gigantesque aimant, dont le pôle positif correspond au pôle Nord (c'est pour cela que l'aiguille d'une boussole

Les quartiers de lune apparaissent lorsqu'elle est dans cette position. On ne peut voir que la surface éclairée par le Soleil.

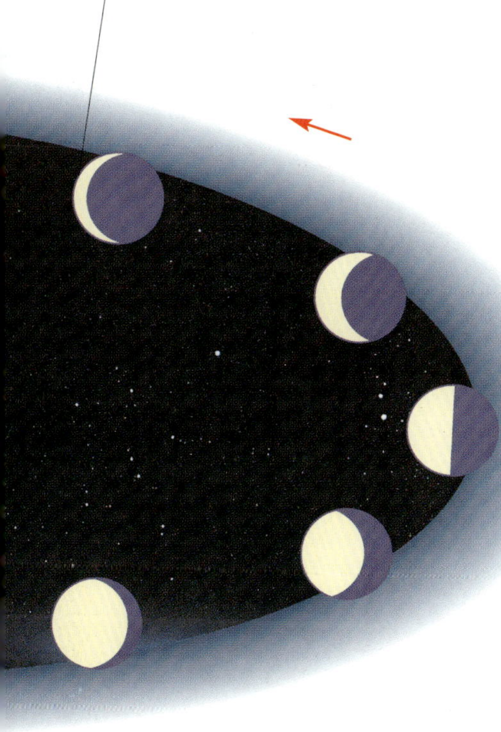

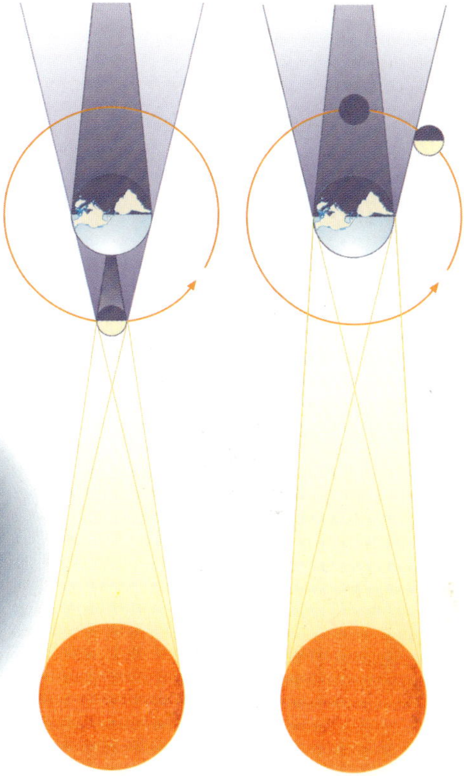

Les éclipses
Quand la Lune se trouve exactement entre la Terre et le Soleil, elle cache partiellement notre étoile, et il se produit une éclipse du Soleil. Lorsque la Terre se trouve entre le Soleil et la Lune, notre ombre occulte le satellite et l'on a une éclipse de Lune.

indique toujours le nord). Il est très probable que ce phénomène soit dû aux courants qui déplacent le fer liquide du noyau externe, dont la fonction est celle d'une gigantesque dynamo.

La Lune

La Terre et la Lune constituent un couple étrange au sein du système solaire. Les dimensions du satellite sont appréciables au regard de celles de notre planète, son rayon mesurant environ 1 748 km, donc un peu moins du quart de celui de la Terre. D'habitude, au contraire, les satellites sont beaucoup plus petits que la planète autour de laquelle ils tournent, à l'exception de Charon, en orbite autour de la très

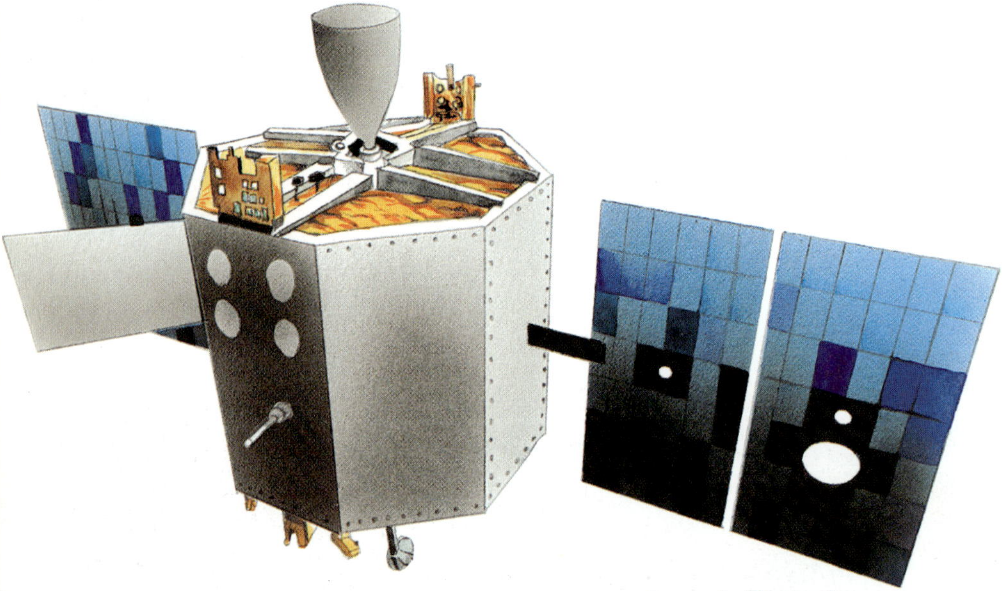

De l'eau sur la Lune ?
Nous ne savons pas avec certitude s'il y a de l'eau sur la Lune, mais, s'il y en avait, elle serait très utile pour l'établissement d'une base lunaire habitable. L'hydrogène et l'oxygène qu'on peut en tirer permettraient d'obtenir du carburant pour les fusées.

La sonde Clémentine, en 1996, a recueilli des données pouvant laisser croire à la présence de glace sous la surface lunaire. Peut-être s'agit-il de simples irrégularités du sol.

lointaine Pluton (nous verrons que cette planète présente plus d'une particularité). Malgré son rapprochement, et leurs mesures comparables, la Lune est très différente de la Terre. En premier lieu, elle n'a pas d'atmosphère qui la protège en empêchant un réchauffement trop rapide et trop intense durant les périodes de lumière, ainsi qu'un aussi rude refroidissement quand elle est dans l'obscurité. En conséquence, sa température passe d'environ 130 °C aux heures ensoleillées à –150 °C la nuit. De tels écarts thermiques ont partiellement brisé les roches à la surface du satellite, créant une épaisse couche de poussière, appelée régolite. Toujours en raison de l'absence du bouclier protecteur d'une atmosphère, la Lune a été, et est toujours, soumise à un bombardement de météorites beaucoup plus intense que celui subi par notre planète. En l'absence d'atmosphère, il n'y a pas de perturbations météorologiques, ni vent ni pluie n'ont effacé les milliards de cratères formés par les impacts, et leur présence caractérise la surface lunaire.

La Lune semble constituée principalement de roches semblables à celles du revêtement terrestre, mais le fer y est bien moins abondant que chez nous. Cette diversité de structure a mis en doute l'hypothèse que la Terre et son satellite seraient deux corps célestes frères, nés presque en même temps que le premier nuage de gaz et de matière. Il est aussi improbable que la Lune ait été une sorte de petite planète errante, attirée ensuite dans notre orbite.

D'après certains savants, elle est issue de l'union de fragments du revêtement terrestre, projetés dans l'espace à la suite

La mission de Lunar Prospector étant d'approfondir les observations de Clémentine, la sonde a été lancée par la NASA, au début de 1998. Les premiers résultats ont enthousiasmé les chercheurs, car ils semblaient compatibles avec la présence de glace sur le fond des cratères situés aux pôles de la Lune. Mais ils n'ont pas été confirmés après l'impact de la sonde sur le sol.

L'aube sur Mercure
Elle est dix fois plus lumineuse que sur la Terre, car elle est proche du Soleil. Sa température passe de 350 °C aux heures d'éclairage à – 170 °C quand il fait noir. Il n'y a pratiquement pas d'atmosphère, en raison de la haute température diurne qui volatilise les gaz.

Le talus de Discovery s'étend sur 500 km, avec une profondeur de 2 km. Ainsi que d'autres fractures sur la croûte de Mercure, il s'est formé probablement il y a 4 milliards d'années, quand la planète s'est refroidie et s'est contractée lentement.

Les astéroïdes Mercure a connu, au début de son existence, une intense activité volcanique et un très violent bombardement de météorites. Entre –3,8 et –3,9 milliards d'années, l'un de ceux-ci, gigantesque, produisit un cratère de 1 300 km de diamètre (appelé Caloris) et provoqua la formation de reliefs sur la face opposée de la planète.

de collisions avec de gigantesques météorites, survenues dans les premiers temps de notre planète.

L'excentrique Mercure

Distante d'à peine 58 millions de km se trouve Mercure, une planète d'un rayon de 2 439 km environ, donc plus grande que la Lune. Son voisinage avec notre étoile la rend très brillante, mais son observation est pourtant extrêmement difficile, car elle est très petite et lointaine. Mais, surtout, elle est placée sur une orbite proche du Soleil. Donc, si nous étions au centre d'une horloge sur laquelle le Soleil serait à midi, la position où nous pourrions voir Mercure serait toujours située entre 11 et 13 heures. Théoriquement, on pourrait observer la planète de jour, mais la lumière solaire en couvre la lueur. En conséquence, elle

n'est visible que peu avant l'aube ou peu après le couchant. De nos jours, la plus grande partie de ce que nous savons de Mercure est due à la sonde Mariner 10, qui s'en est approchée en 1974. Cette planète présente de nombreuses particularités, même en ce qui concerne son mouvement. Elle parcourt une orbite très elliptique en 88 jours terrestres (pris comme périodes de 24 heures) et tourne en même temps sur elle-même, très lentement, accomplissant un tour en 59 jours terrestres environ. Ce qui signifie que Mercure effectue 3 rotations sur elle-même tous les 2 tours autour de l'étoile. Par le jeu de ces mouvements combinés, le parcours apparent du Soleil dans le ciel de la planète s'interrompt, revient partiellement en arrière, puis s'achève en employant de l'aube au couchant 176 jours terrestres.

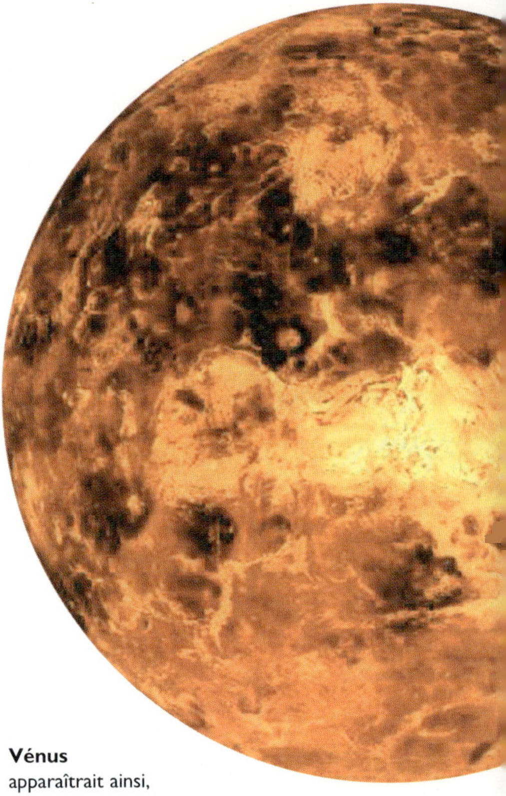

Vénus apparaîtrait ainsi, si elle était dégagée de ses nuages. Les reliefs correspondent aux parties les plus claires sur le schéma.

Le feu de Vénus

Quand on observe le ciel, on reconnaît facilement Vénus : elle brille 10 fois plus que l'étoile la plus lumineuse et, à bien regarder, apparaît comme une très petite sphère, non comme un simple point. Elle est un peu la sœur astrale de la Terre, tant par ses dimensions (6 051 km de rayon) que par sa distance moyenne au Soleil (108 millions de km), qui sont comparables à celles de notre globe.

Il s'agit cependant d'une étrange parente présentant, outre ses ressemblances, des traits très particuliers. D'abord son atmosphère, principalement constituée d'anhydride carbonique mélangé à de l'azote, traversée de nuages d'acide sulfurique en solution

Les mystères de Vénus
C'est une planète isolée, apparemment facile à observer. Mais des nuages denses l'entourent et dissimulent le sol à l'objectif de n'importe quel télescope. Au cours des 30 dernières années, on a cependant découvert beaucoup de détails, grâce aux sondes Venera (russe), Mariner, Pioneer, Venus et Magellan (américaines).

Les nuages
sont formés de gouttelettes d'acide sulfurique. Les plus hauts se trouvent à 80 km du sol (sur la Terre, ils atteignent un maximum de 20 km). De forts vents les poussent, soufflant à plusieurs centaines de kilomètres à l'heure et toujours dans le sens de rotation de la planète.

Le volcan Maât
est, avec ses 8 km d'altitude, l'un des plus élevés de la planète. En général, Vénus apparaît plus plate que la Terre, et les volcans ressemblent à des reliefs arrondis.

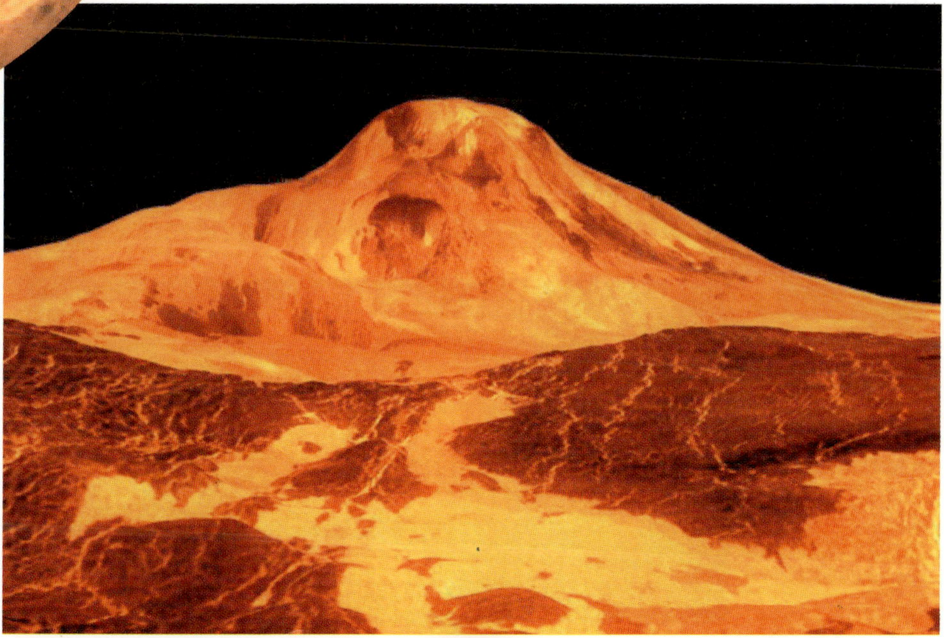

aqueuse, si dense que la pression au niveau du sol est presque 100 fois supérieure à celle relevée sur la Terre. Cette couverture gazeuse provoque un intense effet de serre, qui fait que la température au sol atteint 465 °C. Cette atmosphère infernale, dans laquelle l'oxygène est, entre autres, absent, est due en partie aux émissions de nombreux volcans, dont certains seraient encore en activité. Leurs coulées ont laissé sur le terrain des traces faussement semblables à celles de cours d'eau. Le sol vénusien n'offre, en revanche, que peu de cratères provoqués par des impacts d'astéroïdes et de météorites, et il est probable que les éruptions en ont recouvert les marques les plus anciennes. Vénus présente une autre particularité dans son mouvement : elle parcourt son orbite autour du Soleil en 225 jours ter-

La carte de Vénus
Grâce surtout aux relèvements radar effectués par la sonde Magellan, entre 1990 et 1992, on a pu établir une carte couvrant 98 % de la surface de la planète.

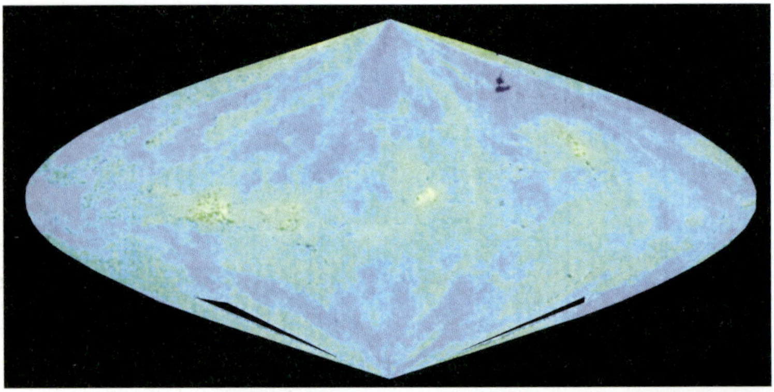

Les reliefs
Le dénivellement entre les régions les plus basses (en bleu) et les plus hautes (en jaune) atteint 13 000 m. Toutefois, on peut distinguer deux côtes principales, analogues à celles de notre continent et de nos fonds océaniques.

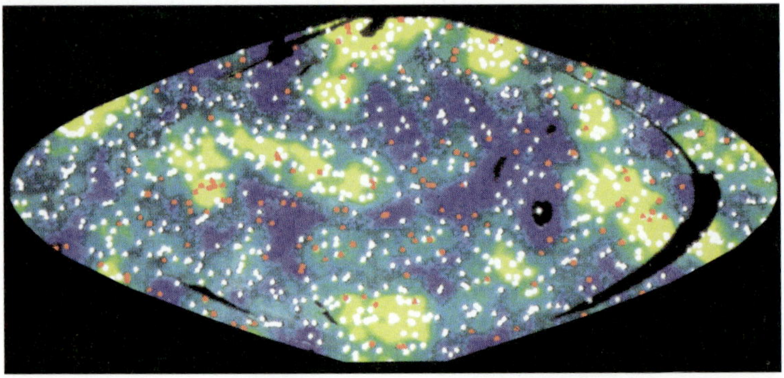

Les cratères sont répartis de façon assez homogène sur toute la planète. Ceux représentés en rouge ont été modifiés par les coulées de lave.

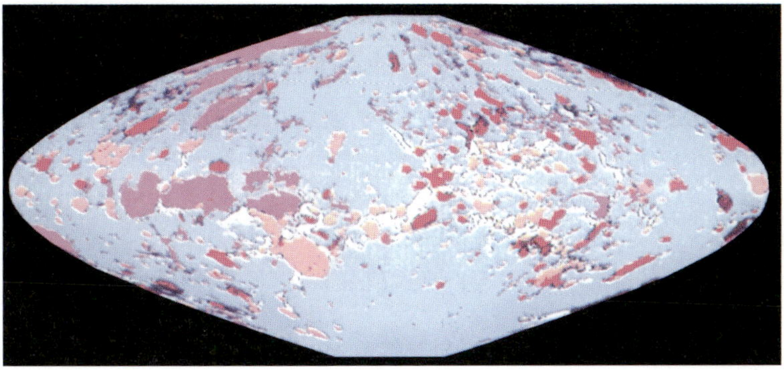

Le sol
est, dans sa plus grande partie, constitué de plaines volcaniques (en gris), entrecoupées de zones plus anciennes (en rose). Les grandes structures volcaniques sont en rose pêche, les failles et les fissures étant désignées en blanc.

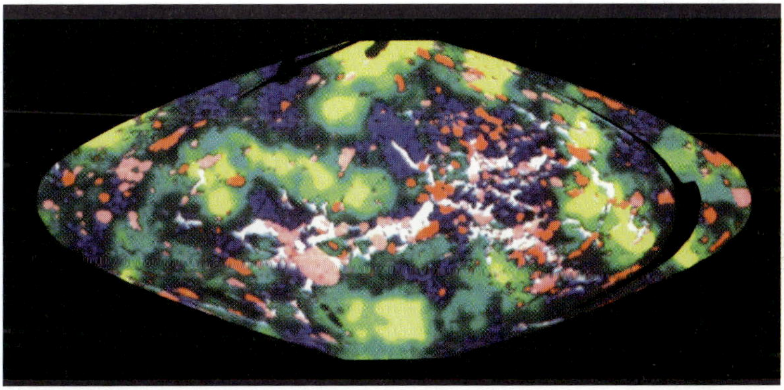

L'âge des sols
est indiqué sur cette carte, par des couleurs correspondant à leur âge. Les plaines les plus anciennes sont en jaune, et les jeunes volcans apparaissent en bleu.

restres, alors qu'elle tourne sur elle-même lentement en 243 jours. Elle est l'unique planète à employer plus de temps à tourner sur elle-même qu'autour de l'étoile.

Mars : froide et déserte

Si Vénus est un enfer de feu, Mars semble en être un de glace. Aux heures chaudes de son été et à l'équateur, la température du sol peut dépasser 20 °C, mais au couchant, elle s'abaisse rapidement à plusieurs dizaines de degrés au-dessous de 0. Cela parce que son atmosphère, composée de 95 % d'anhydride carbonique, avec peu d'azote, d'argon et d'autres gaz, est extrêmement raréfiée, et ne suffit pas pour garder la chaleur

solaire. Ce qui a pour conséquence que, à hauteur d'homme, la température demeure toujours très basse. Ainsi, une personne debout sur Mars pourrait avoir les pieds à une température acceptable et la tête à –40 °C. La situation est naturellement plus dramatique en hiver dans les régions polaires, où l'on enregistre environ –82 °C. Dans ces conditions, l'anhydride carbonique de l'atmosphère gèle et tombe sur le sol comme de la glace. Il ne semble pas qu'il y ait de traces d'eau ni sur la surface de la planète ni dans son atmosphère, mais il n'est pas exclu qu'il y en ait eu dans le passé. Il y en a peut-être dans le sous-sol, où elle formerait une couche toujours gelée, semblable au permagel typique de nos toundras. Autrefois, il devait se développer sur Mars une intense activité volcanique. Aujourd'hui, elle a complètement disparu. On trouve cependant encore sur la planète de gigantesques volcans éteints, comme le mont Olympus qui est, avec ses 27 000 m d'altitude, le volcan le plus haut de tout le système solaire.

Par certains aspects, Mars ne paraît pas être très différente de la Terre. L'année martienne, c'est-à-dire le temps employé pour accomplir une orbite autour du Soleil, dure 687 jours ter-

La planète rouillée
Mars est appelée ainsi en raison de la grande quantité d'oxyde de fer que contient son sol. Son rayon à l'équateur est de 3 397 km. La photo, prise d'un satellite, laisse deviner une surface irrégulière, présentant des reliefs, des cratères, des vallées et des plaines.

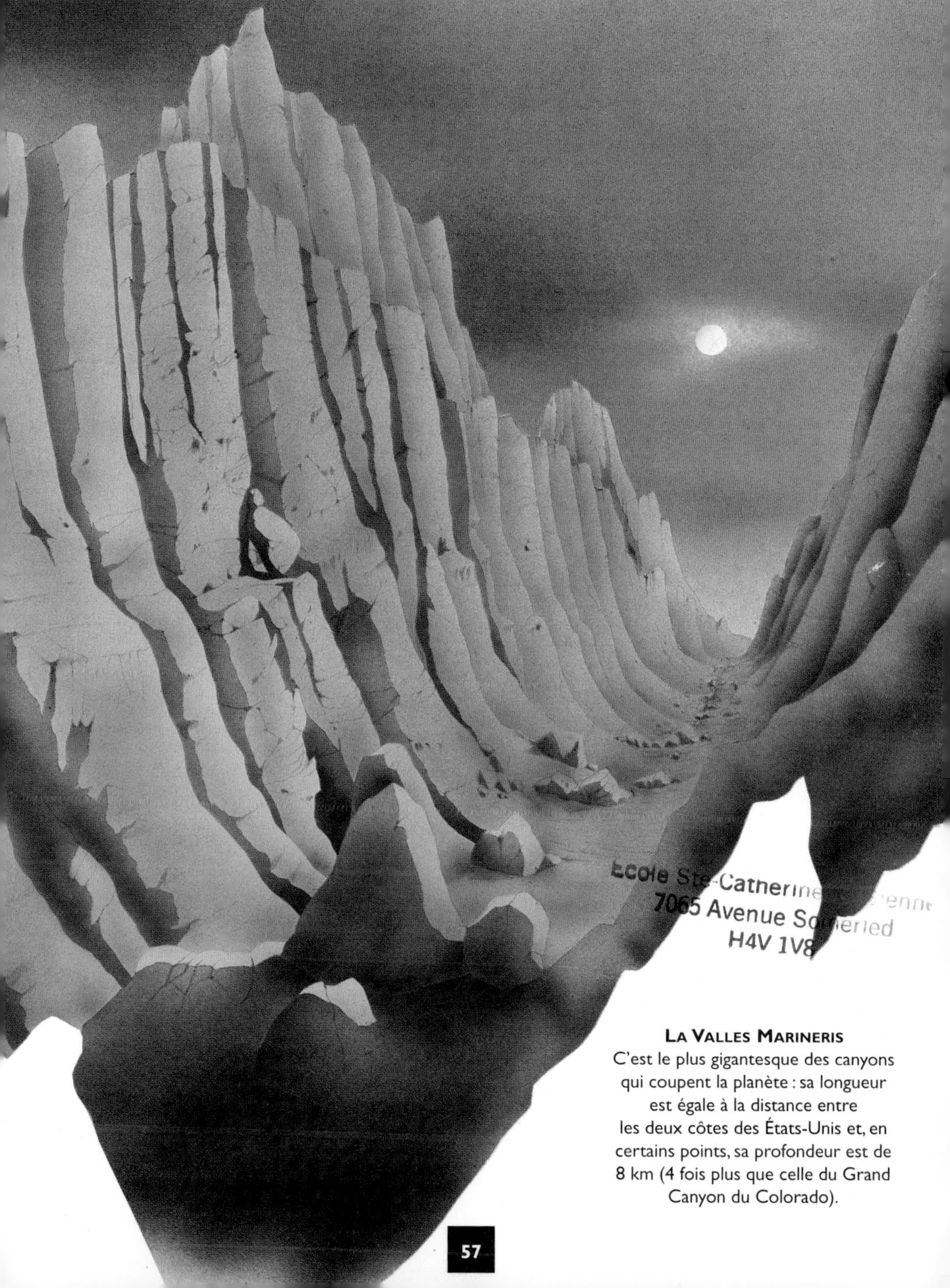

LA VALLES MARINERIS
C'est le plus gigantesque des canyons qui coupent la planète : sa longueur est égale à la distance entre les deux côtes des États-Unis et, en certains points, sa profondeur est de 8 km (4 fois plus que celle du Grand Canyon du Colorado).

LES SATELLITES DE MARS
Il y en a deux, Deimos et Phobos, découverts en 1877. De forme irrégulière, il est probable qu'ils étaient, à l'origine, deux astéroïdes, attirés ensuite par Mars.

Deimos
a un diamètre maximal de 15 km et met 30 h 18 min pour accomplir le tour de Mars.

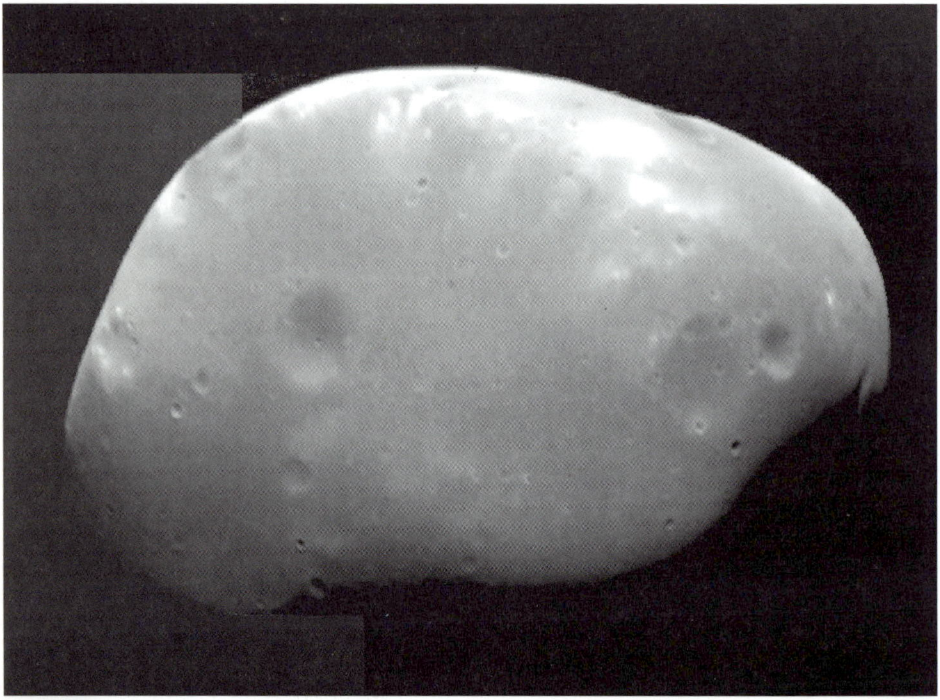

restres (un peu moins du double de ce qu'il faut à la Terre). Mais le temps pendant lequel Mars tourne sur elle-même est de 24 h 27 min, très semblable à nos 24 heures. En outre, son axe de rotation est incliné à peu près comme celui de la Terre, ce qui fait que les saisons enregistrées sur la planète sont semblables aux nôtres. Dans l'ensemble, cependant, le paysage martien est une lande désolée, parsemée de pierres et de rochers, d'une étrange couleur rubigineuse, due à ce que l'on trouve dans le terrain de grandes quantités d'oxyde de fer. Périodiquement, de très violentes tempêtes se déchaînent, soulevant d'énormes quantités de poussière rou-

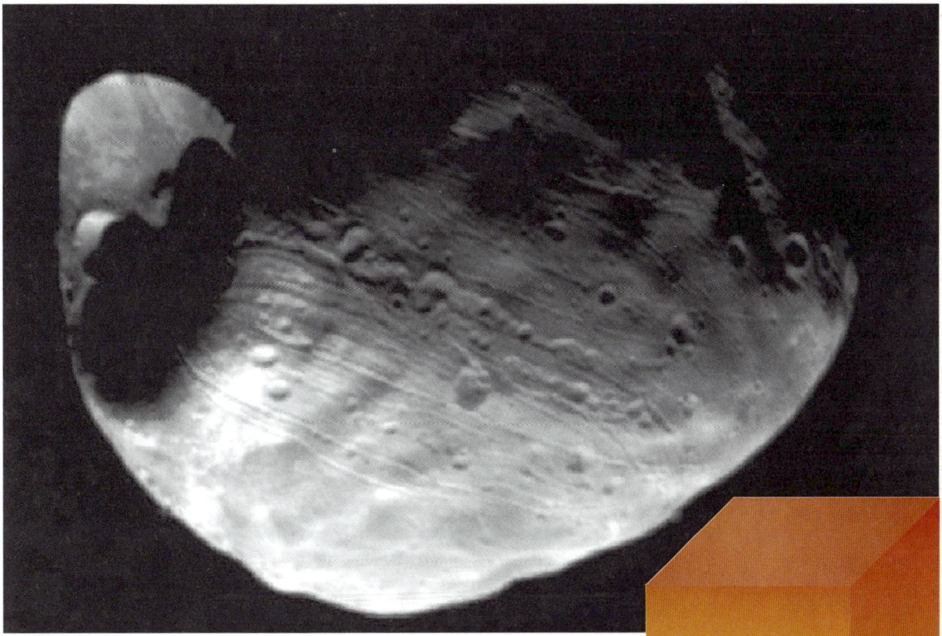

Phobos
a un diamètre maximal de 27 km et tourne autour de Mars en 7 h 39 min. La planète tournant en 24 h 30 environ, Phobos apparaît et se couche dans les cieux martiens 2 fois par jour. Son orbite se rétrécit, et il est probable que, dans 30 millions d'années environ, le satellite tombera sur Mars.

L'atmosphère martienne
ne protège pas la planète des radiations solaires nocives, parce qu'elle ne contient pas la couche d'ozone qui caractérise la nôtre. En outre, elle est très raréfiée, et pour soulever la poussière du sol, il faut des vents de plus de 180 km/h.

geâtre, dont une partie demeure suspendue dans l'air, lui donnant une délicate couleur orange.

Astéroïdes, météores et météorites

Entre Mars et Jupiter se trouve une région où abondent des corps rocheux appelés astéroïdes. Leurs dimensions sont extrêmement variables. Le plus grand se nomme Cérès, d'un diamètre de 933 km, un véritable géant dans son genre. Ses compagnons sont en général de moindres dimensions. On calcule que les astéroïdes sont au nombre d'environ un million, et que seuls quelques-uns d'entre eux ont un diamètre de quelques kilomètres. L'ensemble de la masse de ces roches est plutôt réduit et

Les astéroïdes

Ils n'ont pas tous la même composition. Certains contiennent surtout du fer et du nickel ; d'autres, de couleur rougeâtre, sont riches en fer et en magnésium ; d'autres encore sont riches en silicates ; et enfin, particulièrement sombres, sont ceux qui contiennent beaucoup de carbone.

Un coup d'œil de près

Les astéroïdes sont, pour la plupart, très petits, ce qui rend leur observation très difficile. On a cependant pu en regarder certains de près, grâce aux images envoyées par la sonde Galilée, parvenue dans ces régions en 1991.

Gaspra, avec celui nommé Ida, est l'astéroïde le mieux photographié par la sonde Galilée. Il ressemble à une grande pomme de terre, mesure 20 x 12 x 11 km, et il est couvert de cratères.

Frappés du ciel
Statistiquement, il est très improbable qu'une des petites météorites qui arrivent chaque jour sur la Terre tombe sur un centre habité et touche quelqu'un ou quelque chose. Ce n'est cependant pas impossible. Témoin cette voiture, frappée le 9 octobre 1992, à New York.

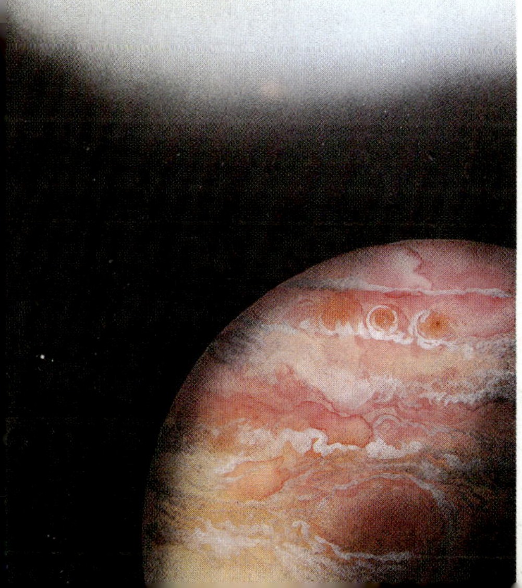

vraisemblablement très inférieur à celui de la Lune.

Pourquoi tant d'astéroïdes sont-ils concentrés dans la zone à laquelle ils donnent leur nom? Il est très probable qu'ils soient les restes d'une planète, en formation dans cette région, qui ne sont pas parvenus à s'agréger. Peut-être à cause des effets de marée dus à la présence voisine de la géante Jupiter (phénomène analogue à celui exercé par la Lune sur la Terre), qui auraient provoqué des dislocations. Les petits corps célestes continueront donc à tourner autour du Soleil comme ils le font aujourd'hui. Étant très nombreux et concentrés dans une zone peu étendue, les collisions sont très fréquentes. Quand elles sont particulièrement violentes, il n'est pas rare qu'un astéroïde entier ou certains de ses fragments soient projetés hors de leur orbite. Dans ce cas, les corps rocheux quittent complètement la région des astéroïdes et rejoignent les nombreux fragments solides et les poussières errant dans le système solaire. Il arrive souvent que l'un d'entre eux entre en collision avec la Terre, et l'on sait même qu'il tombe quotidiennement sur notre planète jusqu'à 5000 tonnes de débris. Fort heureusement, à peine ont-ils pénétré dans l'atmosphère, à la vitesse de quelques dizaines de kilomètres à la seconde, que la plus grande partie d'entre eux est surchauffée par le frottement de l'air et se consume complètement avant de toucher le sol. Si de tels corps célestes, dits météores, entrent dans l'atmosphère la nuit et ne sont pas trop petits, nous apercevons leur passage car ils laissent dans le ciel une traînée

lumineuse que nous appelons étoile filante. Ce phénomène est particulièrement perceptible à certaines périodes de l'année (par exemple, autour du 10 août), lorsque la Terre s'approche, dans son orbite, des régions où de telles petites roches sont très nombreuses. Les choses ne vont cependant pas toujours aussi bien. Parfois, les corps rocheux avec lesquels notre globe entre en collision sont assez grands pour ne pas se consumer entièrement, et parviennent donc à toucher le sol. On enregistre, de temps à autre, des collisions aux effets dévastateurs : en 1908, la région de Toungouska, en Sibérie, fut frappée par une météorite de 50 m de diamètre environ, et la forêt environnante détruite dans un rayon de 50 km. On calcule, statistiquement, que des astéroïdes d'un diamètre d'environ 100 m entrent en collision avec la Terre tous les 10 000 à 20 000 ans, alors qu'un corps de 10 km de diamètre tomberait tous les 100 millions d'années.

Jupiter : l'étoile manquée

Avec ses 71 500 km de rayon à l'équateur, c'est la plus grande planète du système solaire. Si la Terre avait les dimensions d'une balle de golf, Jupiter aurait celles d'un ballon de basket-ball. Elle est constituée de 99 % d'hydrogène et d'hélium, alors que le pourcentage de matière rocheuse est très petit. Il est probable que cette dernière est rassemblée au centre, où elle formerait un noyau dont la masse serait égale à une dizaine de fois celle de la Terre. La masse totale de la planète ne représente, par contre, qu'un millième de

La fin des géants
Il y a 65 millions d'années, il s'est produit un fait qui entraîna l'extinction de tous les dinosaures et de pratiquement tous les animaux d'un poids supérieur à 20 kg. On retient actuellement la thèse selon laquelle l'origine de la catastrophe serait l'impact probable d'une gigantesque météorite ou d'un astéroïde.

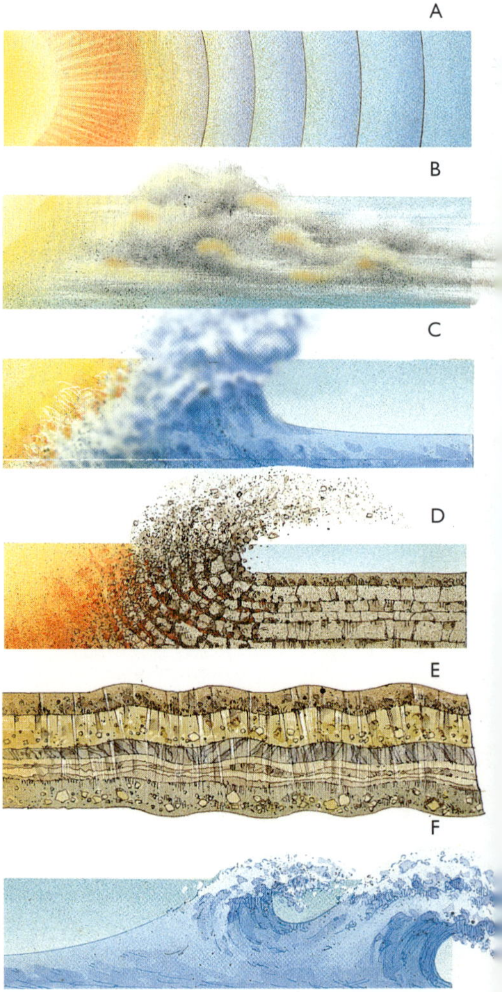

L'hypothèse de la météorite a été proposée, en 1980, par Luis et Walter Alvarez, après que ces deux savants eurent trouvé dans des roches, remontant à l'époque de l'extinction des dinosaures, des quantités notables d'iridium. Cet élément est très rare dans la croûte terrestre, mais il est plus commun dans les astéroïdes.

L'impact
La rencontre d'une météorite de 10 km de diamètre aurait provoqué une gigantesque onde de choc (A), entraînant un vent violent et chaud (B). La très haute température aurait alors provoqué l'évaporation des eaux marines (C), pendant que la pression effritait les roches (D). Poussières et vapeur d'eau auraient ensuite formé des nuages obscurcissant le Soleil, pendant que sur la Terre survenaient des secousses (E) et des raz-de-marée (F).

A

B

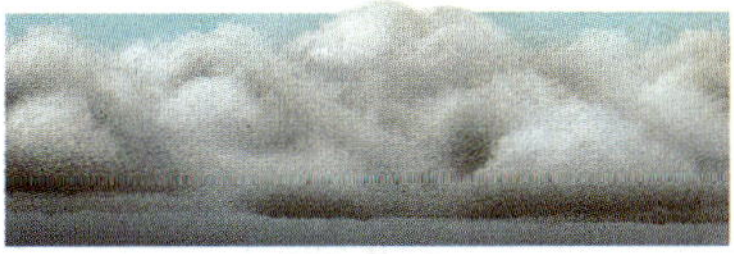

C

D

E

Les étapes suivantes
Quelques jours après l'impact, les vapeurs et les poussières introduites dans l'atmosphère auraient provoqué des pluies acides (A), pendant que des nuages destructeurs se seraient répartis dans les cieux de la planète, en les obscurcissant. Ensuite, de gigantesques incendies auraient éclaté (C), produisant d'énormes quantités d'anhydride carbonique (D). Celui-ci aurait produit un considérable effet de serre (E) qui aurait entraîné une très grande élévation de la température.

Une explosion de couleurs
Les gaz composant la couche externe de Jupiter reflètent la lumière en produisant de splendides couleurs. Les stries sont un effet des vents et de la rotation très rapide de la planète : Jupiter tourne sur elle-même en moins de 10 heures, alors qu'elle parcourt son orbite autour du Soleil en 12 années terrestres.

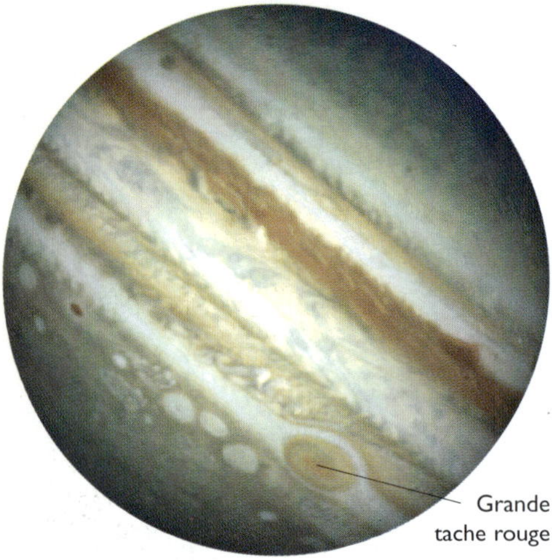

D'énormes tempêtes sur la surface de Jupiter sont provoquées par sa rotation. La plus forte d'entre elles, la grande tache rouge, est en cours depuis des siècles, et affecte une surface égale à celle de la Terre. La planète possède aussi un léger système d'anneaux, beaucoup moins spectaculaires que ceux de Saturne.

celle du Soleil. Cette quantité a été suffisante pour qu'elle se contracte par gravité, en devenant plus dense et plus chaude vers le centre, comme le font les étoiles en formation, mais pas suffisamment pour déclencher les réactions de fusion nucléaire. Toutefois, même si elle ne brille pas comme une étoile, la planète irradie presque le double de la chaleur qu'elle reçoit du Soleil (distant d'environ 800 000 millions de km, plus de 5 fois la distance de la Terre au Soleil). Dans les zones centrales de Jupiter, jusqu'à environ 17 000 km sous la surface, la pression est si élevée que l'hydrogène et l'hélium se trouvent mélangés à l'état liquide et se comportent encore

Les satellites de Jupiter sont au nombre de 16. Les plus grands sont Callisto, Ganymède, Io et Europe ; ce dernier est une étendue de glace, et Jupiter devrait ressembler à cette illustration, vu de sa surface. Io est le plus voisin de Jupiter ; on y trouve une douzaine de volcans en activité.

comme des métaux. En s'éloignant du noyau, cet effet est atténué, mais est encore si grand que les deux éléments demeurent à l'état liquide. La couche la plus extérieure est constituée d'une bande d'environ 1 000 km comprenant différents gaz, parmi lesquels du méthane, de l'ammoniac, de l'éthylène et de la vapeur d'eau.

Dans cette région, l'énorme chaleur produite au centre de la planète parvient très atténuée et se disperse rapidement, de telle sorte que l'on enregistre jusqu'à –150 °C de température.

Saturne et ses anneaux

Cette planète ressemble beaucoup à Jupiter. Elle est également composée

d'hydrogène et d'hélium. Son rayon équatorial étant d'environ 60 000 km, c'est aussi une géante.

On trouve, à l'intérieur de Saturne, de très hautes pressions, occasionnant une température qui atteint les 20 000 °C, et la chaleur qu'elle produit dépasse de 70 % celle qui lui parvient du Soleil (distant d'environ 1,4 milliard de km). Saturne est caractérisée par une ceinture d'anneaux beaucoup plus spectaculaires que ceux de n'importe quelle autre planète. Ils sont formés d'une myriade de morceaux de glace, incrustés de poussières et de fragments solides, en orbite autour d'elle. Certains mesurent

Des apparences trompeuses
La surface de Saturne paraît plus calme que celle de Jupiter, mais ce n'est probablement qu'une illusion, étant donné l'épais brouillard qui l'entoure. Ses gaz superficiels sont, en réalité, agités par des vents atteignant 1 800 km/h.

Les anneaux pourraient être constitués des débris de plusieurs satellites, qui se sont peut-être fragmentés en raison des intenses forces de marée exercées par la planète et ses principaux satellites.

Une photo rapprochée
Selon les images transmises par la sonde Voyager en 1980 et 1981, les anneaux de Saturne sont constitués de milliers de bandes concentriques, regroupées en 7 bandes principales. Ce détail a été obtenu avec une caméra CCD (un système photographique digital).

des centaines de mètres, mais pour la plupart ils sont petits comme des billes ou ont des dimensions inférieures à 1 mm.

Dans l'ensemble, le système des anneaux de Saturne s'étend jusqu'à une distance de 300 000 km de son centre, plus des trois quarts de la distance de la Terre à la Lune ! L'épaisseur des anneaux est pourtant inférieure à 1 km ; étant donné ces proportions, c'est un peu comme si une feuille de papier était aussi large qu'une grande place. Le fait que les particules constituant les anneaux se soient réparties de cette façon et ne soient pas éparses tout autour de la planète n'est pas surprenant, car les structures en disque autour d'objets massifs tournants sont très fréquentes dans le ciel (pensons à la forme du système solaire ou à celle de nombreuses galaxies). En

Les satellites de Saturne

Outre ses anneaux, Saturne présente au moins 17 satellites. Le plus grand est Titan, aux dimensions intermédiaires entre celles de Mercure et de Mars. Parmi tous les satellites du système solaire, il est le seul à posséder une atmosphère consistante.

L'atmosphère de Titan
est constituée de 90 % d'azote, le reste comportant du méthane, de l'éthane, de l'éthylène et d'autres hydrocarbures. Elle forme un épais brouillard entourant le satellite, qui a rendu difficiles les observations de la sonde Voyager dans les années 1980.

La surface de Titan
a une température d'environ 180 °C. Aussi, suivant la pression, le méthane peut être à l'état gazeux, liquide ou solide. Il est probable qu'il joue sur Titan un rôle semblable à celui de l'eau sur la Terre, et qu'il y ait des océans de méthane liquide, ainsi que des calottes glaciaires aux pôles.

outre, certains satellites en orbite autour de Saturne ont un effet stabilisateur sur ses anneaux, et sont pour cela appelés satellites bergers.

Il faut noter que Saturne tourne sur elle-même assez rapidement et accomplit un tour complet en 10 h 40 min, soit la moitié du temps de rotation de la Terre. Un tel mouvement entraîne une force centrifuge très intense, notamment à l'équateur, et par conséquent provoque un notable aplatissement aux pôles, de l'ordre de 12 % (un effet semblable se produit sur Jupiter, mais il est moindre, cette planète étant plus dense, et donc résistant mieux à la déformation).

Saturne vue de Titan apparaît très grande, alors que le Soleil est très amoindri dans le lointain.

Uranus : gel et ébullition

Le système solaire des Anciens s'arrêtait à Saturne ; bien qu'elle soit très éloignée, cette planète est bien visible de la Terre. Les planètes plus lointaines (Uranus, Neptune et Pluton) ont été reconnues grâce aux instruments optiques adéquats, à une bonne intuition et aux lois de la mécanique. En 1871, Wilhem Herschel, un Allemand établi en Angleterre, localisa Uranus avec un télescope et, en étudiant sa trajectoire, comprit qu'il s'agissait d'une planète nouvelle. D'autres avant lui avaient aperçu un petit corps lumineux, et même à l'œil nu en de rares occasions ; mais tous l'avaient pris pour une étoile faible. Ce n'est qu'avec l'approche de la sonde

Voyager 2, en 1986, que l'on a pu avoir une idée plus précise de sa structure. À cette occasion, on a pu identifier 10 des 11 satellites aujourd'hui connus. Uranus est principalement constituée d'hydrogène et d'hélium, comme Jupiter et Saturne. Elle est nettement plus petite que ces dernières, mais peut être considérée, avec ses 26 000 km de rayon à l'équateur, comme un géant au regard de notre planète. Sa masse est 14 fois plus grande que celle de la Terre, alors que, par exemple, celle de Jupiter l'est de 318 fois. Une masse moindre entraînant une moindre compression gravitationnelle dans les zones centrales, il n'y a pas, vers le centre d'Uranus, une

Les anneaux d'Uranus
Elle possède 11 anneaux, bien moins spectaculaires que ceux de Saturne. Ils sont constitués de fragments glacés, dont beaucoup ont les dimensions de grosses pierres.

La surface d'Uranus a un aspect très homogène, en raison des épais brouillards de méthane qui l'enveloppent.

Une étrange rotation
Unique parmi toutes les planètes du système solaire, Uranus tourne sur elle-même, sur un axe s'appuyant presque sur le plan de son orbite, au lieu de lui être plus ou moins perpendiculaire. Cela influe sur l'orientation des anneaux, perpendiculaires par rapport à la position des anneaux de Saturne. Uranus parcourt son orbite autour du Soleil en 84 années terrestres et tourne sur elle-même en un peu plus de 17 heures.

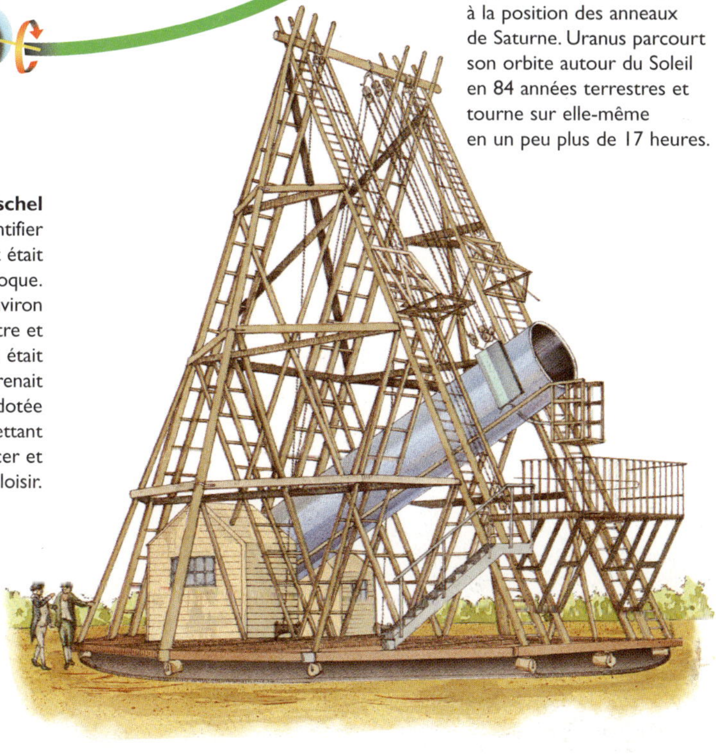

Le télescope d'Herschel permit au savant d'identifier Uranus. Cet instrument était très puissant pour l'époque. Son miroir mesurait environ 1,20 m de diamètre et sa distance focale était de plus de 12 m. Il prenait appui sur une estrade dotée de roues permettant de le déplacer et de l'orienter à loisir.

pression suffisante pour qu'hydrogène et hélium soient à l'état solide, et ces deux éléments demeurent donc à l'état liquide. En outre, la planète ne produit pas sa propre chaleur, en dehors de celle provenant du Soleil, comme le font Jupiter et Saturne. Uranus est éloignée du Soleil de 2,9 milliards de km ; cependant, la chaleur de l'étoile parvient à embraser les parties éclairées, où la température peut atteindre jusqu'à 200 °C. Dans les zones privées de lumière, le froid est, en revanche, intense et l'on enregistre –215 °C.

Neptune, la dernière des géantes

À 4,5 milliards de km du Soleil se trouve la dernière des planètes géantes du

système solaire : Neptune. Galilée l'avait déjà observée en 1612, mais sans la reconnaître comme planète. Sa vraie nature n'a été découverte qu'en 1846 par l'astronome français Le Verrier (1811-1877), sur la base de calculs démontrant que certaines particularités du mouvement orbital d'Uranus pouvaient être

TRITON

Il est le plus grand des satellites de Neptune. Il a un très bel aspect : sa surface est constituée principalement de méthane et d'azote gelés, qui donnent au terrain des reflets colorés en bleu ou en rose pâle. En outre, des jets de vapeur semblables à des geysers jaillissent souvent du sol.

Avec un gel record
et malgré sa beauté, Triton est un lieu franchement hostile. Entre autres, sa surface a une température de –238 °C, ce qui en fait le plus froid des satellites et des planètes du système solaire que nous connaissons. Pluton elle-même, bien qu'étant encore plus éloignée du Soleil, est légèrement plus chaude.

expliquées par l'existence d'une autre planète extérieure.

Neptune a environ 24 750 km de rayon, et sa masse correspond à environ 17 fois celle de la Terre. Même si elle est semblable par ces aspects à Uranus, cette planète irradie plus de chaleur que cette dernière, arrivant à dégager 2,7 fois l'énergie qu'elle reçoit du Soleil. Il est possible que l'origine de ce phénomène soit l'émission de certains éléments lourds et radioactifs localisés dans le noyau, où la température atteindrait 7 000 °C. Cette zone centrale, rocheuse, serait entourée d'une couche d'hélium, d'hydrogène et d'eau, à l'état liquide. La couche la plus extérieure est gazeuse et l'on y trouve de grandes quantités de méthane, qui donne à la planète sa nette coloration bleue. On peut noter à

Neptune parcourt son orbite autour du Soleil en 164,79 années terrestres. La plupart des informations la concernant sont dues à la sonde Voyager 2, qui s'en est approchée en 1989. Nous savons ainsi qu'elle est entourée d'anneaux incomplets et qu'elle possède 8 satellites.

la surface de Neptune des tourbillons et des tempêtes ; une des plus grandes perturbations, la Grande Tache sombre, a été observée par la sonde Voyager 2 en 1989, et elle ressemblait beaucoup à la Grande Tache rouge de Jupiter. Il est probable que ces phénomènes soient dus à la présence de l'intense source de chaleur au centre de la planète ou à sa rapide rotation sur elle-même, à une vitesse comparable à celle d'Uranus.

Pluton, planète par hasard ?

Après la découverte de Neptune, les astronomes continuèrent à scruter le ciel à la recherche d'autres planètes. D'après certaines observations, les orbites d'Uranus et de Neptune étaient perturbées de façon à laisser supposer l'existence d'une autre planète, ou même d'un nouveau géant d'hélium et d'hydrogène. En 1930, Clyde Tombaugh (1906-1997), examinant des images photographiques prises au télescope, identifia une neuvième planète qui fut appelée Pluton. Ce n'est qu'en 1978 que l'on aperçut son satellite, Charon. La découverte de Pluton suscita plusieurs nouvelles questions, car on se rendit compte de ce que la nouvelle venue était très différente de ce qui avait été prévu. En premier lieu, ce n'est pas un géant mais plutôt un Pygmée : son rayon d'environ 1 100 km est à peine des deux tiers de celui de la Lune, et Pluton est donc nettement la plus petite planète du système solaire. De plus, Charon est en proportion énorme, avec son rayon de 600 km. Beaucoup se demandent s'il faut toujours la considérer comme un satellite ou s'il ne vaudrait pas mieux parler

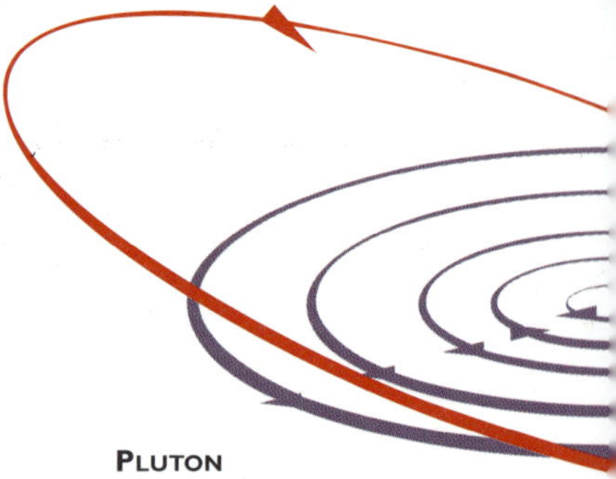

PLUTON
Elle est très probablement constituée d'un noyau rocheux, recouvert d'une couche de méthane glacé. Elle est entourée d'une atmosphère d'azote, de monoxyde de carbone et de méthane.

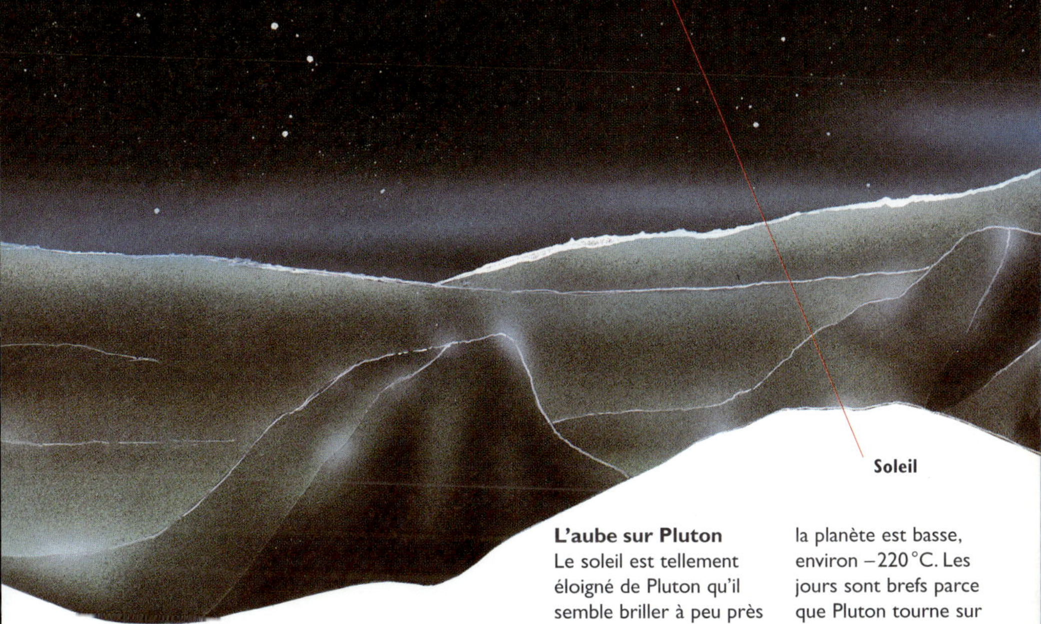

L'aube sur Pluton
Le soleil est tellement éloigné de Pluton qu'il semble briller à peu près comme un lampadaire éclairant une route de nuit. La température de la planète est basse, environ −220 °C. Les jours sont brefs parce que Pluton tourne sur elle même en un peu plus de 6 heures.

L'orbite de Pluton
est très allongée, et sur un plan incliné de 17° par rapport à celui des orbites des autres planètes. Pluton tourne autour du Soleil en 248 années terrestres et pénètre périodiquement dans l'orbite de Neptune. Ce fait a été observé entre 1979 et 1999 ; pendant cette période, Neptune a été la planète la plus éloignée du Soleil.

Charon et Pluton
observées au télescope présentent des dimensions comparables.

La comète de Giotto
La comète de Halley est périodique. Lors de son passage, en 1301, beaucoup furent impressionnés par sa splendide queue et pensèrent qu'un tel objet avait sûrement guidé les Rois mages, la nuit de Noël. Parmi eux, le grand peintre italien Giotto, qui fut le premier à peindre une comète, dans *L'Adoration des Rois mages* (Padoue, chapelle des Scrovegni). Depuis, la comète figure dans chaque crèche de Noël.

La surface des comètes
Quand une comète passe près du Soleil, sa surface ne s'évapore pas uniformément, comme le ferait un cube de glace dans un lieu très chaud. La vapeur, mélangée à la poussière qui forme la queue, sort seulement de certains points de la comète, produisant des bouffées semblables à d'énormes geysers.

d'une planète double. Mais la plus grande originalité de Pluton réside dans son orbite. Toutes les autres planètes du système solaire suivent des trajectoires relativement peu elliptiques, et leurs parcours ne se croisent jamais. Pluton a, au contraire, une orbite fortement elliptique, à tel point que sa distance au Soleil varie de 5 à 7 milliards de km. En outre, dans son rapprochement périodique de son étoile, elle croise le parcours de Neptune, en lui cédant de peu la palme de la planète la plus éloignée du centre du système solaire. Une orbite aussi allongée est extrêmement anormale pour une planète, mais suffisamment typique pour une comète, et c'est pour cela que beaucoup considèrent que Pluton est plutôt une sorte de comète qu'une planète véritable.

Les comètes

Les corps à la longue queue flamboyante qui traversent de temps à autre notre ciel ne sont pas de bizarres raretés cosmiques. Ce sont les membres resplendissants d'une famille comptant des centaines de milliards d'éléments, peut être la plus nombreuse de celle formée par les étoiles de notre galaxie. Suivant une hypothèse avancée dans les années 1950, et aujourd'hui communément acceptée, les comètes se trouvent en orbite autour du Soleil en deux régions très éloignées, bien au-delà de Pluton, appelées ceinture de Kuiper et nuage d'Oort. Ce dernier, le plus grand des deux, est une sorte d'énorme réservoir s'étendant de 4 500 à 15 000 milliards de km du Soleil. Bien que contenant un nombre très élevé d'objets célestes, le

La queue des comètes
Elle est toujours dirigée dans le sens opposé au Soleil. En effet, le vent solaire en détermine les directions, comme le fait le vent terrestre soufflant sur un drapeau.

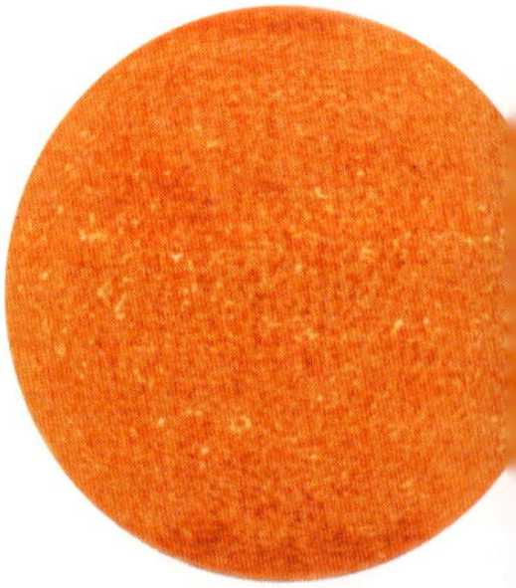

Les formes des comètes ne sont pas toutes semblables et sont parfois étranges et imprévisibles. La comète d'Arend, par exemple, semble avoir, par un curieux effet de perspective, un rostre antérieur qui la fait ressembler à un espadon.

nuage d'Oort n'est pas densément peuplé comme la couche des astéroïdes, parce que le volume qu'il occupe est immense. La ceinture de Kuiper est également un rassemblement de comètes et de débris cosmiques, qui s'étend à une distance du Soleil comprise entre environ 5,5 et 150 milliards de km.

Aux lointains confins du système solaire, les comètes errent ainsi, solitaires dans l'espace obscur et éloigné, mettant des millions d'années pour parcourir une orbite autour du Soleil. Leurs dimensions sont très variables, les plus grandes dépassant celles de nos montagnes. Elles doivent être formées principalement de la matière qui se trouvait dans les zones périphériques des nuages d'où est issu le système solaire. Les comètes sont composées de glace, de poussières, et certains éléments du nuage d'Oort sont unis en blocs solides qui ne se dissolvent jamais (la température atteint dans ces régions –300 °C). Là, aucune d'elles ne se pare des très belles queues avec lesquelles nous sommes habitués à les voir. Cependant, chacun de ces laids canetons noirs peut se transformer en un cygne magnifique, pour peu que se produise un événement fortuit qui le sorte de son orbite lointaine et lui en fasse parcourir une autre, se rapprochant des régions intérieures du système solaire. Cela se produit de temps à autre, par l'effet de perturbations gravitationnelles insolites, créées par le mouvement d'étoiles voisines.

En s'approchant du Soleil, les blocs de glace commencent à fondre, en semant littéralement derrière eux une longue traînée de gaz et de poussières, la

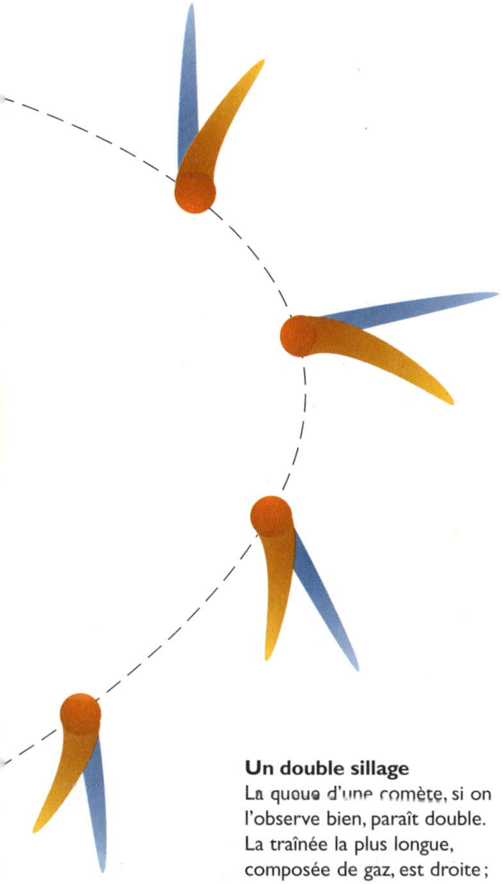

Un double sillage
La queue d'une comète, si on l'observe bien, paraît double. La traînée la plus longue, composée de gaz, est droite ; la plus courte est courbe et contient des poussières et des éléments lourds.

La dimension du noyau d'une comète n'a généralement que quelques kilomètres de diamètre, mais sa queue peut atteindre presque 100 millions de km.

La comète de Halley

Elle est très spectaculaire et a toujours attiré l'attention des hommes. Le premier qui l'ait étudiée soigneusement et en ait décrit l'orbite (en prévoyant ses passages successifs) fut, vers la fin du XVIIe siècle et le début du XVIIIe siècle, Edmond Halley (1656-1742), dont elle a pris le nom. La comète passe près du Soleil tous les 76 ans et nous pourrons la revoir en 2061.

La chasse aux comètes

La comète de Halley a été la première à être photographiée de près. En 1986, elle a été relativement proche du Soleil et 5 sondes sont parties à sa rencontre. La sonde *Giotto* s'en est approchée plus que les autres, obtenant une série d'extraordinaires images.

queue, qui apparaît resplendissante parce qu'elle reflète la lumière de notre étoile. Étant donné que les orbites des comètes sont généralement très elliptiques, une comète, après s'être approchée de nos régions, s'en éloigne beaucoup d'ordinaire et, la température diminuant, la queue s'atténue et disparaît. La beauté de ces corps célestes est cher payée : la matière qui les forme se dissout progressivement. À chaque passage près du Soleil, la masse de la comète se réduit jusqu'à ce qu'elle soit consumée. Seules leurs sombres sœurs lointaines de la ceinture de Kuiper et du nuage d'Oort poursuivront leur existence, pour une durée que l'on ne peut imaginer.

Le noyau de Halley ressemble à une pomme de terre couverte d'excroissances. Sa longueur est de 16 km environ, sur 8 km de large.

La tapisserie de Bayeux est une broderie relatant des événements survenus dans les premières décennies du XIe siècle. On peut y voir le roi Harold d'Angleterre écouter avec anxiété les mauvais présages que l'on disait liés au passage de la comète de Halley, en 1066.

Existe-t-il une planète X ?

Beaucoup de comètes à très grande orbite ont une caractéristique commune : les points les plus éloignés du Soleil atteints au cœur de leur voyage sont alignés sur une énorme circonférence, inclinée par rapport au plan de l'orbite des planètes. De très récentes études semblent suggérer que ce phénomène pourrait être expliqué comme un effet de l'existence d'une dixième planète. Cette dernière serait située à une très grande distance du Soleil (32 000 fois plus loin que la Terre) et parcourrait son orbite en 6 millions d'années environ. Elle ne se serait pas formée avec notre système solaire, mais celui-ci l'aurait « capturée » à une époque encore mal définie.

Les galaxies

Ce sont d'immenses rassemblements d'étoiles, avec leurs planètes, satellites et astéroïdes. Cette énorme masse de matière peut être organisée de différentes façons, et il existe donc divers types de galaxies, parfois en interaction réciproque.

Comme on l'a vu, environ 200 millions d'années après le big bang, les premières galaxies ont commencé à s'assembler, et dans certaines de leurs zones intérieures où le gaz était le plus dense ont pris forme les premières étoiles. En même temps, au cœur des énormes nuages protogalactiques, le gaz tendait à s'accumuler sous l'effet de l'attraction gravitationnelle, comme au centre des étoiles en formation, mais dans des proportions immensément plus grandes. Il est probable que, dans les jeunes galaxies, des noyaux de matière très

La matière visible de l'Univers
Elle est contenue dans quelque chose comme 100 milliards de galaxies, réunies en groupes ou en amas, composant eux-mêmes de gigantesques superamas. Ceux-ci forment une sorte d'énorme filet qui entoure tout le cosmos.

compacte et également des trous noirs se soient formés. Ces derniers commencèrent à aspirer le gaz environnant, en l'accélérant et, ainsi, en le réchauffant, au point de lui faire émettre de l'énergie en très grande quantité. C'est l'origine des quasars, que nous voyons briller à très grande distance et qui correspondent à une époque où les galaxies étaient encore très jeunes.

Les astronomes pensent qu'un trou noir s'est formé au centre de chaque galaxie, mais il est très difficile de vérifier cette hypothèse, ainsi que de savoir d'où vient la matière tombant dans le trou noir. D'après une récente supposition, cette énorme quantité de gaz pourrait provenir de grands systèmes d'étoiles, appelés amas globulaires, qui se seraient formés aux

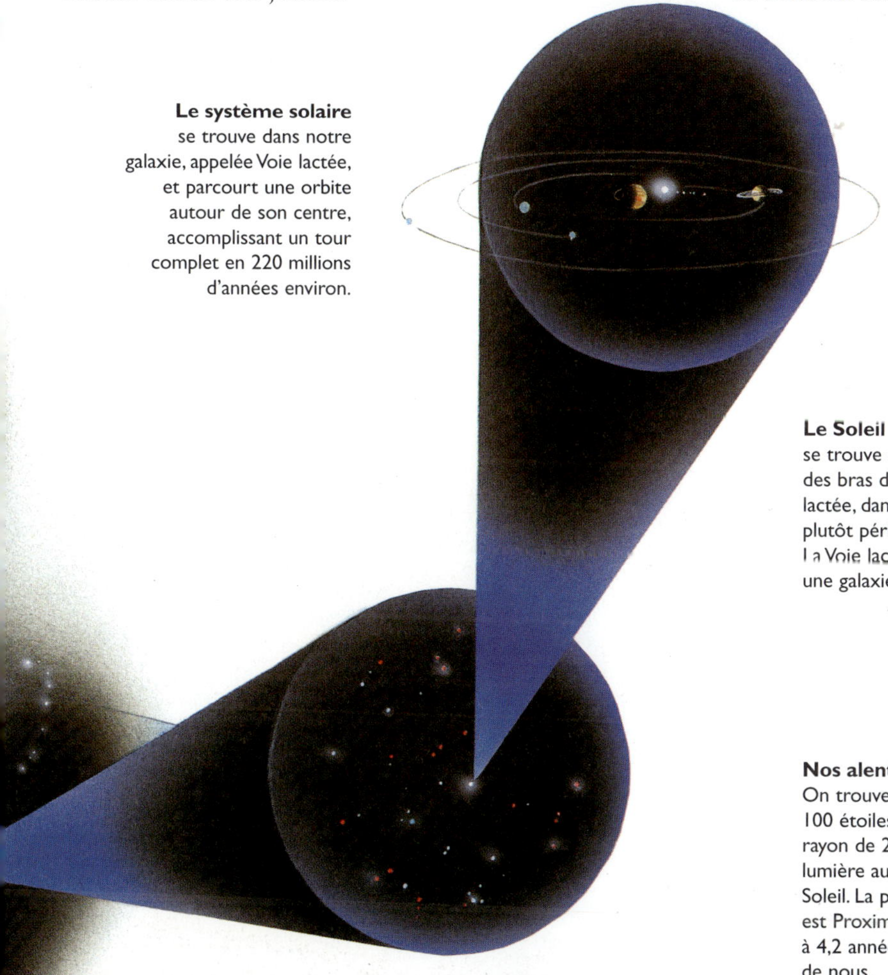

Le système solaire se trouve dans notre galaxie, appelée Voie lactée, et parcourt une orbite autour de son centre, accomplissant un tour complet en 220 millions d'années environ.

Le Soleil se trouve dans un des bras de la Voie lactée, dans une zone plutôt périphérique. La Voie lactée est une galaxie spiralée.

Nos alentours On trouve environ 100 étoiles dans un rayon de 20 années-lumière autour du Soleil. La plus proche est Proxima Centauri, à 4,2 années-lumière de nous.

Les formes des galaxies
Elles sont de trois principaux types : spiralée, elliptique et irrégulière. Les variétés au sein de ces trois catégories sont très nombreuses et le ciel présente ainsi une gamme étendue de formes.

La galaxie NGC 5152
est irrégulière et se trouve à 4 millions d'années-lumière de nous.

La galaxie NGC 1365
est une spiralée barrée. Sa distance au Soleil est de 60 millions d'années-lumière.

La galaxie NGC 5102
est elliptique et se trouve à 22 millions d'années-lumière de nous.

premiers stades de la vie de la galaxie, pour ensuite se rapprocher progressivement de ses régions les plus intérieures. La radiation est produite seulement tant qu'il y a de la matière pouvant être absorbée au voisinage du point d'attraction, puis l'énorme aspirateur cosmique de poussière ne donne plus signe de sa présence. Les étoiles, les planètes et toute la matière constituant la galaxie continuent à tourner autour de la zone centrale de cette dernière, mais ne tombent pas dans le trou noir qui s'y dissimule, car elles sont soumises par leur mouvement à une force centrifuge compensant l'attraction. Suivant le même principe, les planètes, grâce à leur mouvement, ne tombent pas sur la surface du Soleil.

La forme des galaxies

On peut distinguer, en observant le ciel, des galaxies de diverses formes ; cependant, on peut en général ramener celles-ci à trois types : spiralée, elliptique et irrégulière. Les premières sont les plus nombreuses, ou du moins le paraissent, parce qu'elles sont en moyenne plus brillantes que les autres et donc plus faciles à observer. Notre galaxie, la Voie lactée, est une spiralée de type assez commun. Elle contient au moins 200 milliards d'étoiles et son diamètre est de 1 milliard de milliards de km environ, que la lumière met 100 000 ans à traverser d'une extrémité à l'autre. Vue de profil, elle a l'aspect d'un disque renflé dans sa partie centrale, où il atteint

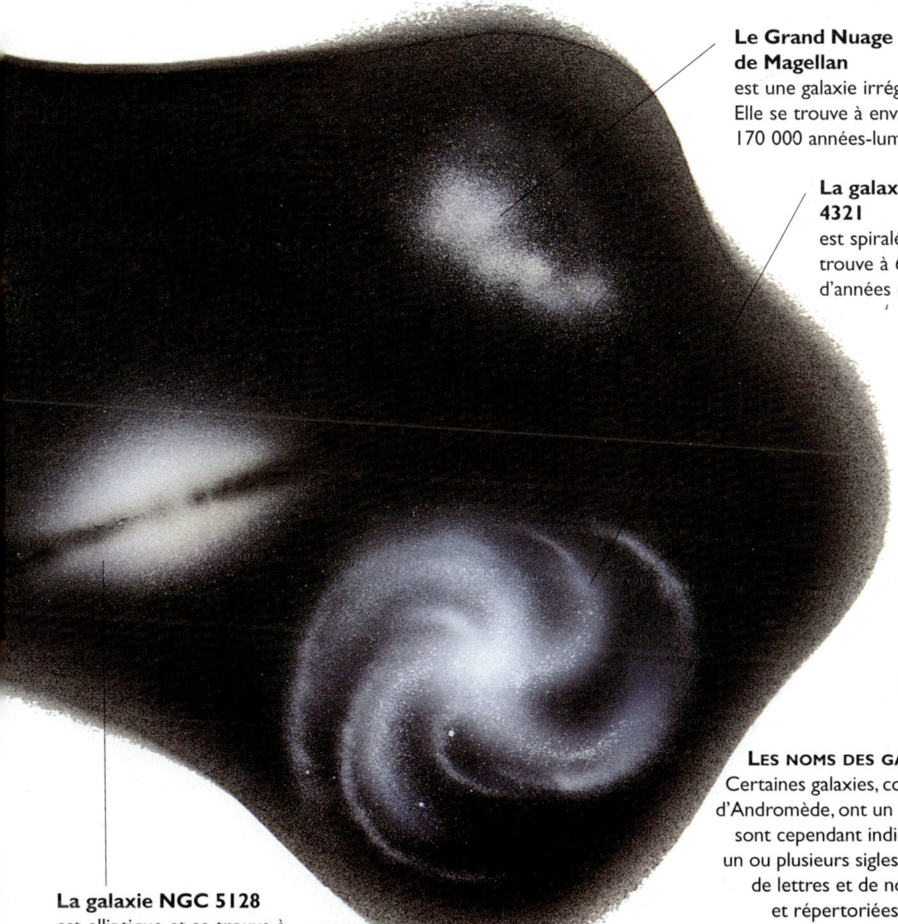

Le Grand Nuage de Magellan
est une galaxie irrégulière. Elle se trouve à environ 170 000 années-lumière.

La galaxie NGC 4321
est spiralée et se trouve à 69 millions d'années du Soleil.

La galaxie NGC 5128
est elliptique et se trouve à 14 millions d'années-lumière.

Les noms des galaxies

Certaines galaxies, comme celle d'Andromède, ont un nom. Toutes sont cependant indiquées par un ou plusieurs sigles, composés de lettres et de nombres, et répertoriées dans des catalogues. Par exemple, la galaxie d'Andromède est aussi appelée NGC 224 et M 31.

une épaisseur d'au moins 10 000 années-lumière (une année-lumière équivaut à la distance parcourue par la lumière en un an).

Les galaxies spiralées contiennent beaucoup de matière sous forme de gaz et de poussières, en dehors de celle qui compose les étoiles ou les planètes, et elle est particulièrement concentrée dans des « bras » qui entourent plus ou moins étroitement le noyau central. Elles sont brillantes et visibles, car la grande quantité de gaz fait qu'il se forme assez facilement en elles de nouvelles étoiles, généralement très lumineuses. Les bras de la galaxie tournent autour du centre, à une vitesse différente de celle de la majorité des étoiles (elles aussi en mouvement dans la même direction). Par exemple, dans la Voie lactée, les zones où le gaz est plus dense avancent à environ la moitié de la vitesse des étoiles, ce qui fait que le Soleil, aujourd'hui dans un bras de la spirale, en sortira dans des millions d'années et, dans un temps encore plus lointain, entrera dans le bras suivant. Les galaxies elliptiques ont une forme rappelant celle d'un ballon de rugby plus ou moins gonflé : elles ne sont pratiquement composées que d'étoiles et probablement de planètes et d'autres corps compacts, et ne contiennent quasiment pas de gaz. En l'absence de ce dernier, il ne peut naître de nouveaux astres, et les étoiles de ces galaxies sont, en général, très anciennes et de couleur rouge. À la catégorie des galaxies elliptiques appartiennent des galaxies naines, composées de quelques millions d'étoiles, ainsi que des

Notre galaxie
Nous ne pouvons, depuis la Terre, apprécier la forme de la Voie lactée parce que nous sommes en elle. Tout ce que nous voyons donc est une bande plus claire dans le ciel, composée de milliards d'étoiles et correspondant à l'un de ses bras. Si nous pouvions la voir de l'extérieur, elle ressemblerait beaucoup à la galaxie NGC 4414.

L'immense ronde
Toute la matière et les corps célestes composant la galaxie tournent autour de son noyau pour accomplir un tour, en plus ou moins de temps selon leur distance du centre. Le Soleil, par exemple, se trouve dans une zone périphérique et parcourt son orbite en 220 millions d'années.

Collision de galaxies
Lorsque deux galaxies se rapprochent trop (ci-contre), les effets de marée qu'elles exercent l'une sur l'autre provoquent leur déformation et l'apparition de splendides queues. Dans quelques cas, les deux amas d'étoiles peuvent arriver à se fondre, produisant une variété de structures brillantes et complexes.

galaxies plus grandes, jusqu'à des géantes en contenant des milliards. Selon certains savants, de nombreuses galaxies elliptiques seraient le résultat de la fusion de deux galaxies spirales. De tels événements sont rares de nos jours, mais non impossibles, de nombreuses galaxies étant regroupées en amas et donc relativement voisines (la Voie

Les lentilles gravitationnelles

Lorsqu'un quasar ou une galaxie sont alignés derrière une autre galaxie, on observe parfois un étrange phénomène, dit lentille gravitationnelle. L'image de l'objet placé en arrière nous apparaît comme projetée, souvent déformée, en plusieurs points autour de la galaxie du premier plan.

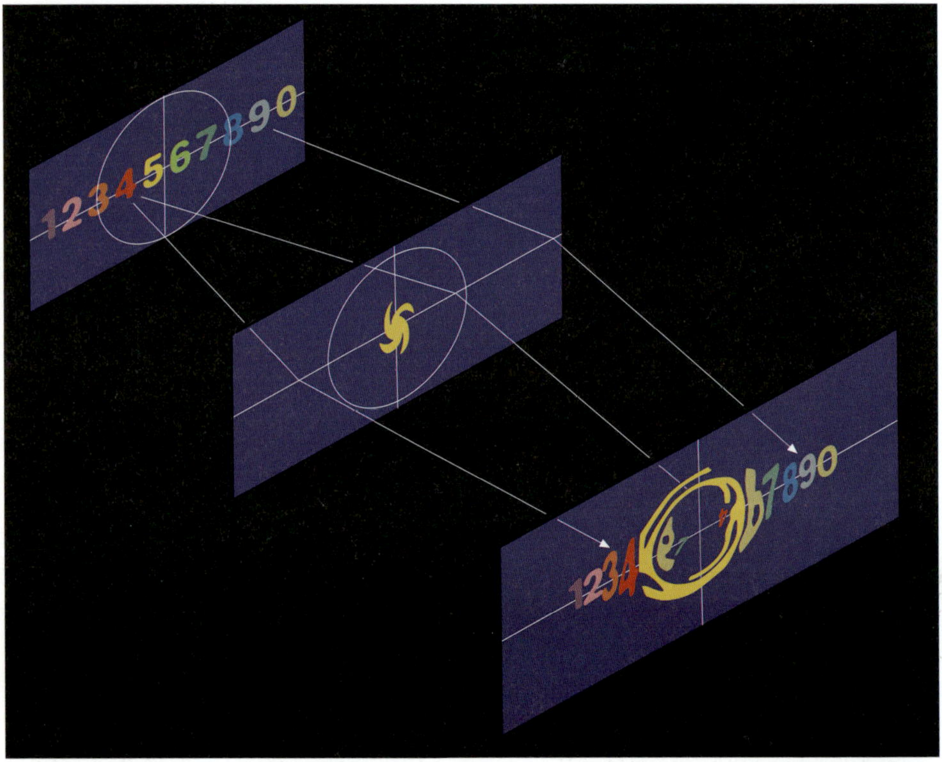

Le fonctionnement des lentilles gravitationnelles s'explique par le fait que la lumière est déviée par la force de gravité. Une partie de la lumière, émise par l'objet placé à l'arrière, passe si près de la galaxie du premier plan qu'elle ressent l'influence de sa grande masse. Elle modifie alors son propre parcours et il se forme une image plus ou moins courbe, ou bien plusieurs images distinctes entourant la galaxie au premier plan.

lactée, par exemple, fait partie de l'amas appelé Groupe local). Dans ces conditions, leur interaction réciproque peut conduire deux (ou plus) d'entre elles à se rapprocher au point de se fondre. Il est naturellement probable que des phénomènes de ce genre se soient produits relativement souvent, il y a des milliards d'années, alors que l'Univers était plus petit et les groupes

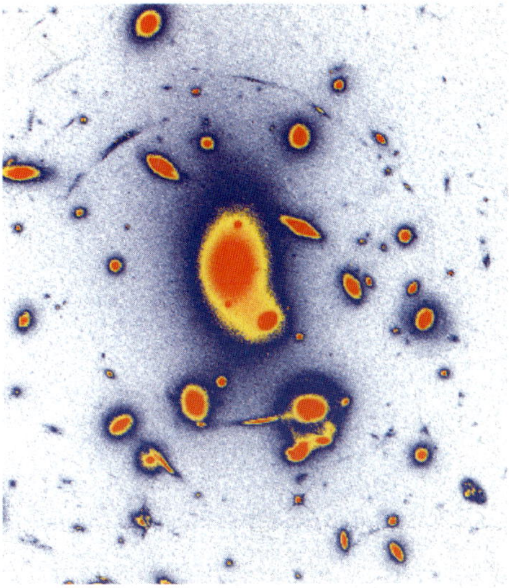

Les arcs gravitationnels et la croix d'Einstein
Les galaxies sont des objets relativement irréguliers et la lumière est donc déviée de diverses façons, suivant la zone près de laquelle elle est passée. Les lentilles gravitationnelles (ci-dessus) produisent ainsi des images très altérées et parfois nous ne voyons que de simples arcs. Dans le cas de la croix d'Einstein (à gauche), le quasar lointain apparaît reproduit quatre fois.

Les lentilles gravitationnelles se sont révélées un instrument d'étude très utile. Par exemple, on peut déduire de nombreuses informations sur la masse et la structure de la galaxie au premier plan, selon la façon dont elle reflète l'image placée derrière elle.

d'étoiles plus proches. Malgré ce que l'on pourrait penser, de semblables collisions ne sont pas des événements catastrophiques, la distance entre les étoiles à l'intérieur d'une galaxie étant énorme. Lorsqu'une fusion entre deux d'entre elles intervient, la majeure partie de leurs astres se croisent l'un sur l'autre sans qu'il se produise de véritables heurts. Environ 10 % des galaxies observées ne peuvent être classées comme spiralées ou elliptiques ; elles sont alors dites irrégulières. On y observe une intense activité de formation de nouvelles étoiles et, dans de nombreux cas, les radiotélescopes ont révélé qu'elles renferment un disque de gaz.

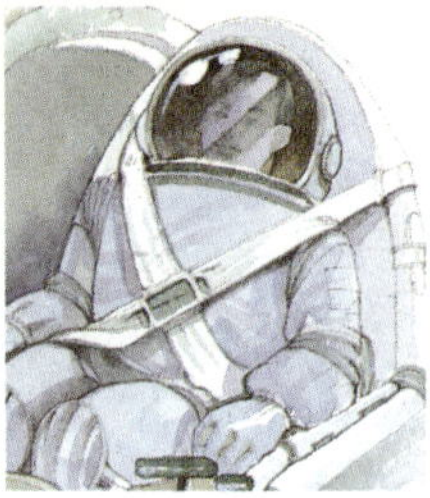

Voyages vers d'autres mondes

Après des milliers d'années d'étude, l'Univers apparaît moins mystérieux. Pourtant, l'Homme n'a foulé que le sol de la Terre et celui de la Lune, alors que tout ce que nous savons des autres corps célestes a été observé à l'aide des télescopes et des sondes.

Il nous manque donc l'observation directe de ce qui se trouve hors de la Terre, la possibilité de nous déplacer dans un autre monde et l'habitude de vivre loin de notre planète. Certes, ce sont des objectifs difficiles à atteindre, mais les chercheurs étudient depuis longtemps des solutions pour surmonter les difficultés techniques. Peut-être y parviendront-ils plus tôt que nous ne le pensons. Les premières expériences d'un séjour assez long dans l'espace ont été faites à bord de la station spatiale russe Mir (qui signifie « paix »), mise en orbite autour de la Terre en 1986. Elle pouvait accueillir six personnes, et cer-

Une colonie lointaine
Malgré les grandes difficultés techniques, les projets de stations spatiales autonomes ne manquent pas. L'une d'elles, avec une structure circulaire très semblable à celle-ci, a été conçue par Gerard O'Neil, de l'université américaine de Princeton.

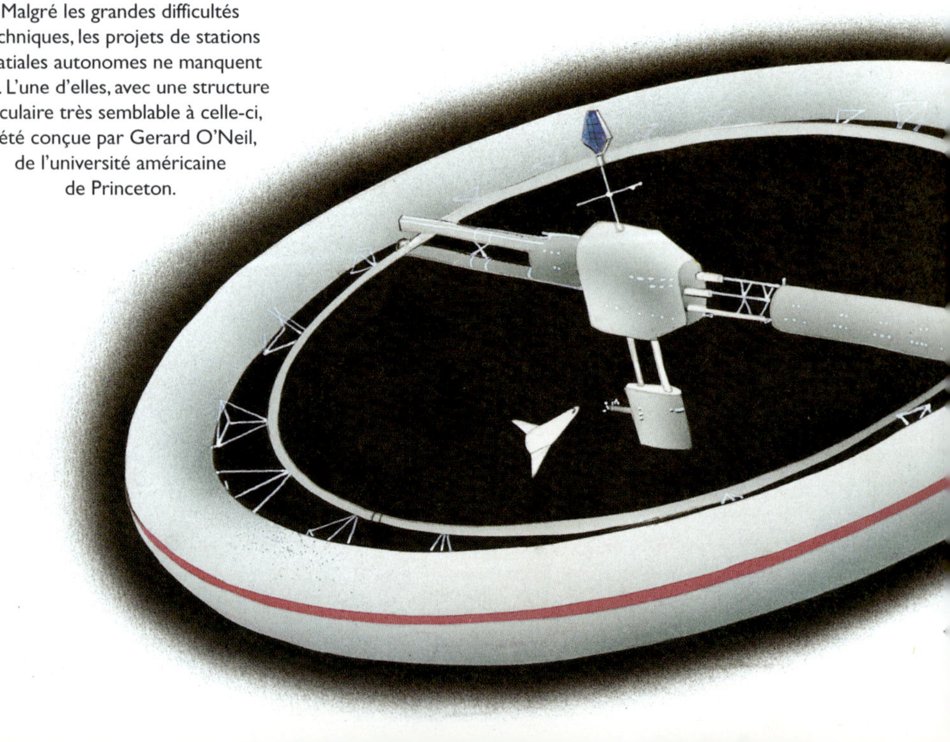

tains cosmonautes sont restés à son bord pendant des périodes considérables. Le record de séjour appartient à Vicktor Poliakov, avec 14 mois consécutifs. Aujourd'hui, Mir a vieilli, elle est en cours de démantèlement, mais elle a reçu des hôtes de plus de 20 nationalités différentes, qui s'y sont également préparés pour les missions de la Station spatiale internationale dont la mise en œuvre est prévue pour l'an 2000. L'aventure des stations habitables, en orbite autour de la Terre, continue donc. Elles deviendront un jour des lieux de séjour exceptionnels pour effectuer, par exemple, des expériences nécessitant l'absence de pesanteur, pour des observations astronomiques et des études sur l'espace. Mais elles sont encore loin d'être des « colonies » indépendantes de

Ses dimensions
Une telle station spatiale aurait un diamètre de presque 2 km, alors que celui de notre planète est de 12 700 km. La partie habitable serait large de 130 m et environ 10 000 personnes pourraient y vivre.

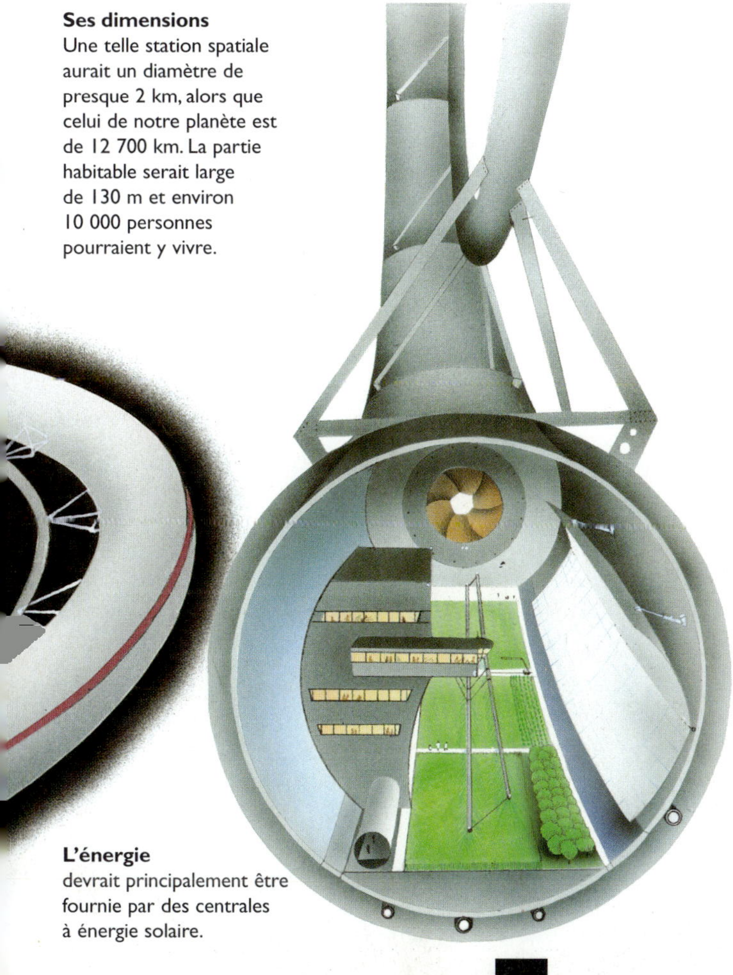

L'oxygène et l'eau
Afin de pourvoir aux besoins en oxygène, en eau et en nourriture, on étudie la réalisation de systèmes écologiques clos, destinés au recyclage des produits nécessaires à l'activité vitale humaine (le dioxyde de carbone, par exemple) et des déchets solides et liquides.

La nourriture
Pour être réellement autonome, une station devrait pouvoir assurer la nutrition de tous ses habitants. Notre espèce étant habituée à manger viande et végétaux, il est souhaitable que la station renferme des champs et des élevages suffisants.

La gravité
L'absence de gravité (ou pesanteur) pose des problèmes aux astronautes, qui souffrent souvent de nausées et d'ostéoporose. Une station spatiale tournante résoudrait la question : la force centrifuge tiendrait chaque chose « collée » aux parois extérieures, en simulant la force de gravité.

L'énergie
devrait principalement être fournie par des centrales à énergie solaire.

La biosphère
On pourrait tenter sur la Lune la première expérience de création d'une biosphère extraterrestre. Elle serait abritée sous une sorte de coupole où l'on recréerait des conditions physiques et chimiques très semblables à celles existant sur notre planète.

Une base sur la Lune
Sa construction contribuerait beaucoup à l'étude de l'espace. Des missiles et des sondes spatiales partiraient plus facilement de la Lune que de la Terre : en effet, la pesanteur est plus faible sur le satellite et il faut, pour la vaincre, une poussée bien moins élevée. Un observateur tirerait aussi bénéfice de ce que la Lune n'a pas d'atmosphère et n'est que partiellement traversée par les radiations émises par les corps célestes.

la Terre, car leur fonctionnement et la survie des astronautes dépendent des approvisionnements en carburant et en vivres provenant de notre planète. Pour se rendre compte des besoins minimaux qui doivent être satisfaits en vue de créer dans l'espace des avant-postes humains réellement autonomes et hospitaliers, il suffit de réfléchir sur ce qui rend la vie possible sur la Terre. En premier lieu, les êtres humains ont besoin d'énergie pour maintenir leurs cellules en fonction : sur notre planète, les organismes photosynthétiques la reçoivent du Soleil, la « capturant » par la photosynthèse chlorophyllienne, alors que les animaux la tirent des aliments. À l'intérieur du système

Le projet
de construction d'une base pourrait se concrétiser si la présence d'eau en quantité suffisante sur la Lune était confirmée. La première base pourrait être réalisée dans les prochaines décennies et serait semblable à celle-ci.

Les édifices
pourraient être en colimaçon, car cette forme offre plus de résistance aux chocs de petites météorites et aux énormes écarts de température. L'énergie nécessaire à la base devrait provenir d'une centrale à fusion nucléaire.

solaire, les petites biosphères reconstituées artificiellement sur les stations extraterrestres pourraient utiliser l'énergie de notre étoile, à condition d'être équipées de panneaux solaires. On pourrait aussi utiliser une ou plusieurs centrales nucléaires. Le second point critique est l'absence d'oxygène, élément fondamental pour la vie à bord. Son extraction des glaces présentes sur les corps célestes rencontrés serait possible.

Les expéditions vers des buts très éloignés

Un autre objectif que se fixent depuis longtemps les scientifiques est l'organisation de longues missions qui transporteraient assez rapidement des vaisseaux

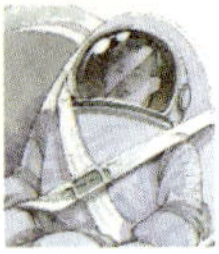

spatiaux, avec à leur bord des astronautes, aux limites du système solaire ou vers d'autres étoiles. Dans ce cas aussi, les problèmes à résoudre sont nombreux, et le plus grave est sans doute celui du carburant. Les systèmes de propulsion actuels sont chimiques : les fusées utilisent des propulseurs fonctionnant à l'aide d'un carburant (en général de l'hydrogène liquide) et d'un comburant (en général l'oxygène liquide), ce dernier étant nécessaire à la combustion du premier. Pour mettre les sondes spatiales en orbite, il faut une énorme force de poussée ; ensuite, les besoins se réduisent,

UN PROBLÈME DE MOYENS
Pour affronter de longs voyages dans l'espace, il faut lancer des véhicules révolutionnaires, permettant un transport commode, rapide et économique de personnes et de matériaux destinés à des stations spatiales ou à des bases hors de la Terre.

Les « laisses » spatiales
fonctionnent un peu comme des frondes, et ont déjà été utilisées lors de plusieurs missions. Il y en a de divers types. Celles représentées ici sont des câbles conducteurs, parcourus par une énergie électrique fournie par des panneaux solaires. L'interaction entre l'électricité et le champ magnétique terrestre produit une force de propulsion, utilisable pour éloigner une charge de la Terre.

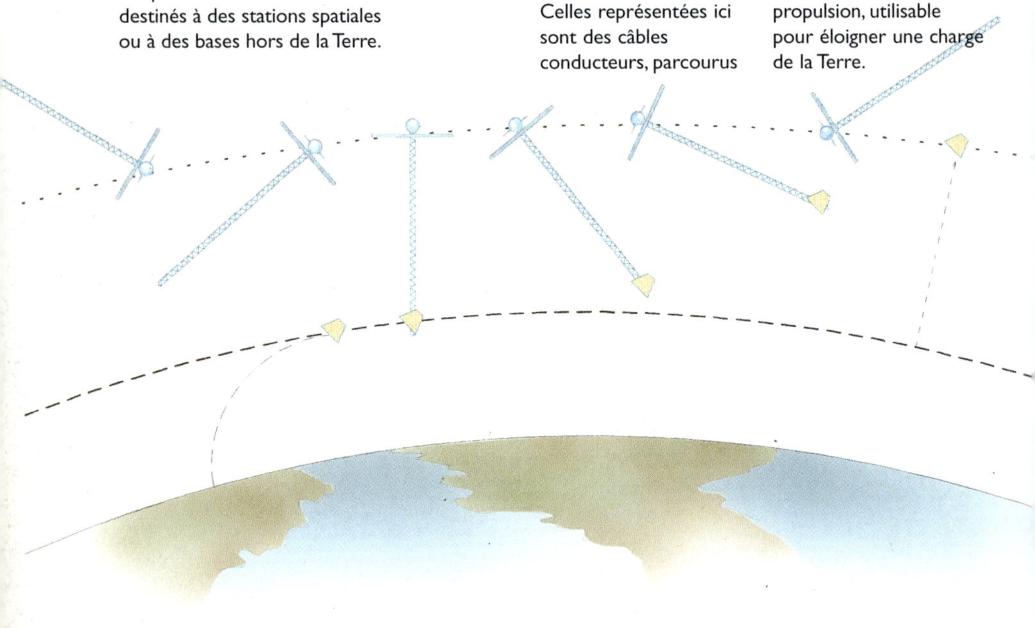

De l'orbite basse vers la Lune
Une charge destinée à la Lune pourrait être envoyée à une laisse spatiale tournant rapidement en orbite basse. Relancée par une seconde laisse plus éloignée du sol terrestre et en orbite plus lointaine, elle serait reprise par un autre relais, pour être enfin déposée sur le satellite.

mais la quantité de propulsif nécessaire pour les longs voyages interplanétaires demeure élevée, avec les problèmes d'encombrement et de poids à transporter que cela comporte. Il faut alors recourir à quelque expédient : celui le plus utilisé actuellement est l'exploitation de la force de gravité exercée par les planètes. Par exemple, la sonde Mariner 10, partie en direction de Mercure, a dû, avant de faire route vers cette planète, se rapprocher de Vénus à une distance suffisante pour en subir l'attraction gravitationnelle, de façon à être accélérée et déviée dans la direction voulue. C'est un peu comme une balle de ping-pong

Les voiles soutenues par les lasers sont l'un des projets les plus audacieux à l'étude aujourd'hui. Des tests seraient bientôt entrepris pour en évaluer l'utilisation, en vue de missions vers Mars. L'idée de base est de construire d'énormes voiles, qui avanceraient en étant poussées par des photons émis par un laser situé sur la Terre.

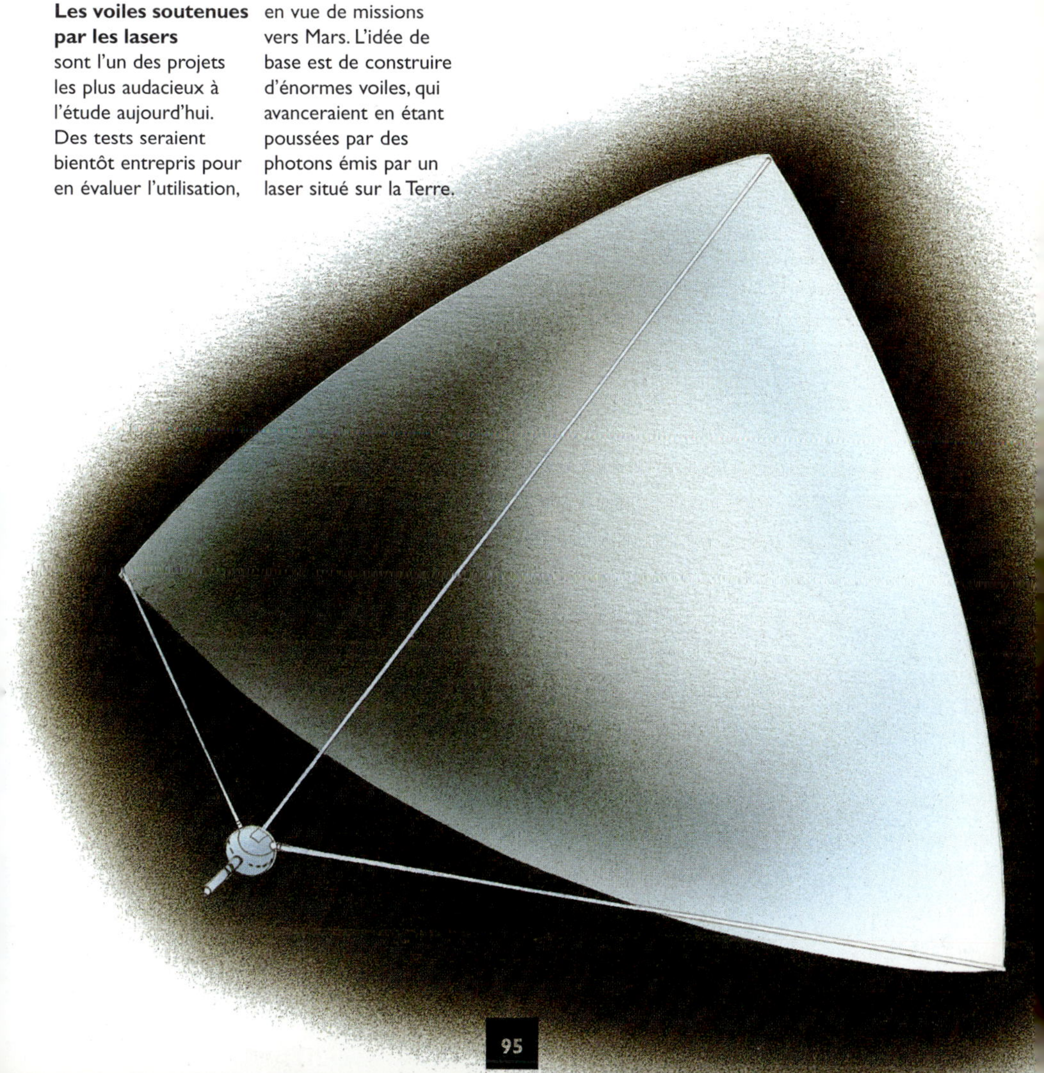

recevant un coup de raquette bien ajusté. Le procédé fonctionne, mais il augmente notablement la longueur du voyage.

Il existe toutefois d'autres solutions prometteuses, comme celle d'utiliser des moteurs ioniques. Ceux-ci fonctionnent en accélérant des ions à très grande vitesse, puis en les expulsant, ce qui provoque une poussée faisant avancer le véhicule spatial. La NASA a lancé, à la fin de 1998, une sonde employant ce procédé, en utilisant l'énergie solaire pour produire d'intenses champs magnétiques, accélérant les ions du gaz xénon. Elle se nomme Deep Space I, et l'un de ses objectifs est l'approche de deux comètes. Une autre solution intéressante semble être celle de doter les vaisseaux spatiaux de centrales de fusion nucléaire, où auraient lieu des réactions analogues à celles se produisant dans les étoiles. On a calculé que l'énergie ainsi obtenue permettrait de couvrir la distance entre la Terre et Mars en 100 jours environ, la moitié de ce qui est requis avec les moyens actuels. L'utilisation de l'une de ces techniques, ou d'autres encore actuellement à l'étude, faciliterait beaucoup les déplacements à l'intérieur du système solaire. Les voyages vers d'autres étoiles posent, en revanche, un problème bien plus complexe. Les moteurs ioniques, par exemple, ne sont pas indiqués pour ce genre de déplacements : soit parce qu'en s'éloignant du Soleil on perd la possibilité d'utiliser son énergie pour accélérer les ions, soit parce que les atomes dont ces derniers dérivent devraient être emportés de la Terre, en quantité suffisante pour permettre à l'astronef d'achever son voyage.

LA DERNIÈRE FRONTIÈRE
Comment serait fait un véhicule pouvant sortir du système solaire ? Ce qui est certain, c'est que le voyage, même vers une étoile pas trop éloignée, durerait plus que la vie d'un homme, et celui qui partirait ne reviendrait pas.

Pour envoyer l'équipage hors du système solaire, il faudrait le loger dans un engin tournant, afin de simuler la force de gravité, comme dans les stations spatiales circulaires.

L'énergie d'un astronef comme celui-ci pourrait provenir de centrales à fusion nucléaire. D'intenses champs magnétiques permettraient de renfermer, dans un espace restreint, les noyaux du gaz à très haute température présents dans la fusion.

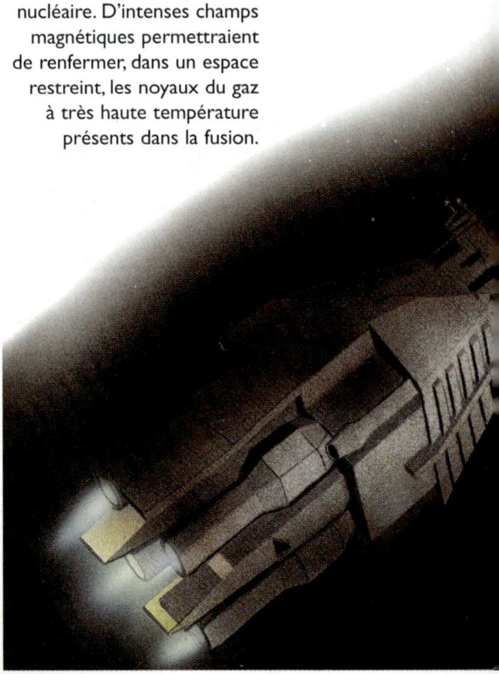

Le carburant
est le point le plus critique. Le gaz utilisé pour la combustion devrait être apporté de la Terre. Ou alors, il faudrait trouver le moyen de « recueillir » les très rares atomes présents dans l'espace libre.

Le paradoxe des jumeaux
La théorie de la relativité restreinte affirme que l'espace et le temps se contractent ou se dilatent suivant leur vitesse ou les points d'où on les observe. Par exemple, à grande vitesse, le temps s'écoule normalement pour un voyageur, comme lorsqu'il était à l'arrêt, mais s'écoule plus lentement pour celui qui l'observe de la Terre. Cela est à la base du paradoxe des jumeaux.

Le départ
L'un des jumeaux part pour un voyage, à une vitesse un peu moindre que celle de la lumière, tandis que l'autre reste sur la Terre.

On ne peut, en effet, compter sur la matière présente dans l'espace, car, en dehors des corps célestes, elle est très rare. Le même problème du transport du carburant se pose pour les engins fonctionnant grâce à la fusion nucléaire. En théorie, la meilleure solution serait d'exploiter l'énorme quantité d'énergie que produirait la dématérialisation de matière et d'antimatière : 10 g seulement d'un tel combustible produiraient assez d'énergie pour satisfaire les besoins d'une ville d'un million d'habitants pendant une journée ! Une fusée fonctionnant par ce procédé pourrait, en utilisant quelques

Quelle est la solution ?
En fait, il n'y a pas de paradoxe, car le principe de la relativité qui fait naître cet apparent paradoxe s'applique à des mouvements sans accélération. La solution, résultant de la théorie de la relativité générale, réside dans le fait que le jumeau astronaute affronte une réalité différente de celle de son frère puisqu'il part dans un astronef qui accélère, voyage puis freine pour retourner sur Terre alors que son jumeau reste immobile sur la planète.

L'arrivée
Quand le voyageur revient de l'espace, il devrait retrouver son frère beaucoup plus vieux que lui. Mais du point de vue du voyageur, c'est lui qui est demeuré arrêté dans l'espace, alors que l'autre « voyageait » à bord de la Terre. Celui qui est resté sur la Terre devrait donc être plus jeune que son frère parti dans l'espace. Là est le paradoxe.

kilos de matière et d'antimatière, être accélérée à un dixième de la vitesse de la lumière, et atteindrait ainsi, en un peu moins de 43 ans, Proxima Centauri, l'étoile la plus proche du système solaire. Manipuler l'antimatière est toutefois très complexe, car elle se dématérialise en quelques milliardièmes de seconde, en présence de n'importe quelle forme de matière. Il se pose, en outre, un problème économique : sa production revient aujourd'hui à environ 6,7 millions de francs par milligramme.

Tous les obstacles dont nous avons parlé jusqu'à présent relèvent de la technique, et il est probable que tôt ou tard ils

Les fausses rencontres
L'histoire est pleine de présumées rencontres avec des extraterrestres, ou d'enregistrements de leurs signaux. Mais, après des vérifications très poussées, aucun de ces contacts ou rencontres n'a été avéré.

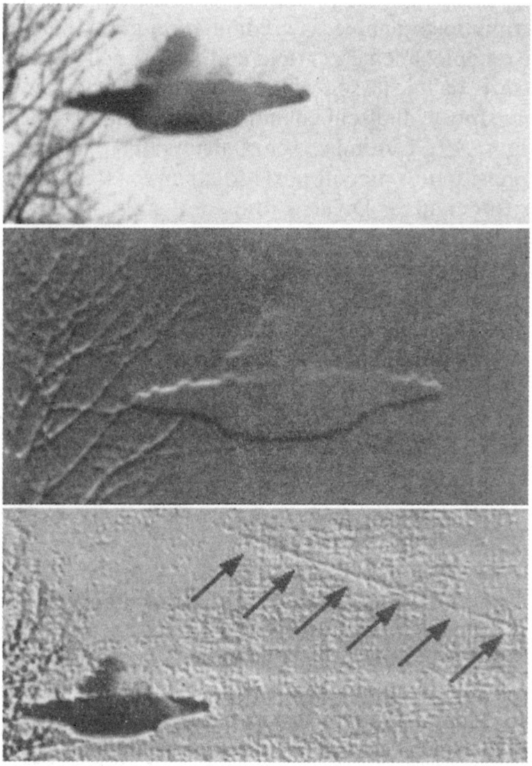

Les faux OVNI
La photo ci-contre, en haut, a été prise en mars 1976 par le Suisse Édouard « Billy » Meier, qui a déclaré avoir visité le pays des Aliens et voyagé avec eux dans le futur. Les vérifications effectuées sur cette photo, ainsi que sur beaucoup d'autres de présumés OVNI (Objets volants non identifiés ; en anglais UFO : Unidentified Flying Objetcs) ont démontré qu'il s'agissait de faux. On voit, au centre, que l'objet se trouve en réalité devant l'arbre, et on distingue, dans le bas, un fil ayant servi à soutenir un modèle réduit.

Les canaux de Mars
La légende de l'existence d'êtres intelligents sur Mars a été confortée en 1877, lorsque l'astronome italien Giovanni Virgilio Schiaparelli a observé sur la planète des structures en réseau. Les décrivant dans un essai en anglais, il les désigna comme des *canals*, au lieu de *channels*, confondant le premier terme, qui s'applique à des ouvrages artificiels, avec le second, propre à des structures naturelles.

seront surmontés. Les voyages dans le cosmos sont cependant limités par les lois mêmes de la physique. Einstein a démontré que rien ne peut atteindre une vitesse égale ou supérieure à celle de la lumière dans le vide. Et quand bien même nous pourrions approcher cette fantastique grandeur, le temps nécessaire pour voyager dans l'immensité de l'espace demeurerait très long : rien que pour sortir de notre amas de galaxies, il faudrait des dizaines de millions d'années.

À la recherche de la vie extraterrestre

L'une des principales raisons qui poussent l'homme à scruter l'espace est le

Un visage sur Mars
Certaines anciennes représentations de Mars montraient, sur le sol de la planète, un relief semblable à la sculpture d'un visage. Nombreux furent ceux qui y virent une preuve de l'existence des Martiens. Des images plus précises ont démontré qu'il s'agit d'un phénomène naturel qui, de plus, dépend beaucoup de la perspective.

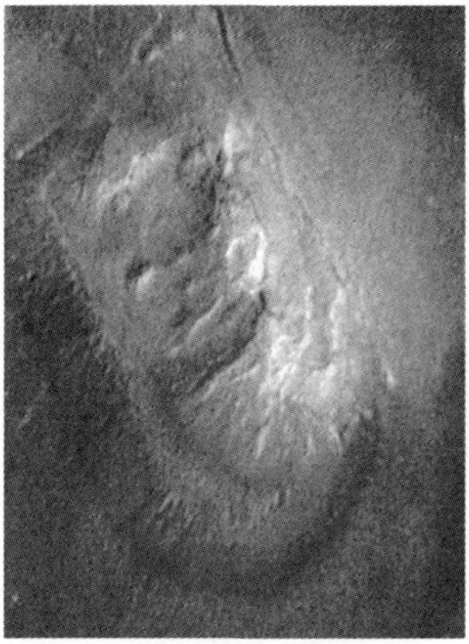

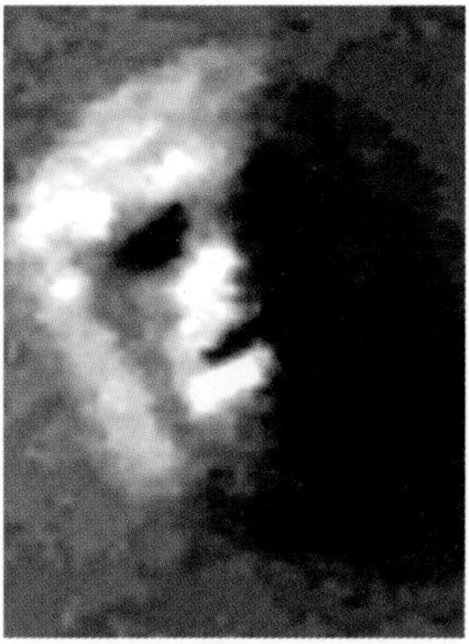

désir de savoir s'il existe dans l'Univers d'autres formes de vie, en dehors de celles de la Terre. Pour tenter de répondre à cette question, il importe tout d'abord de savoir ce qu'il faut chercher, c'est-à-dire connaître nettement les caractéristiques d'un être vivant et quels signes peuvent indiquer sa présence. Les risques d'erreur sont grands. Par exemple, en 1976, les sondes Viking furent utilisées pour rechercher d'éventuelles traces de vie sur Mars. À cet effet, on eut l'idée de placer des molécules nutritives sur une petite portion du sol. S'il y avait quelques formes de vie, même primitive, mais semblables à celles de la Terre, elles consommeraient les aliments, en émettant des composés

gazeux du carbone (tout comme, sur notre planète, les êtres vivants « brûlent » des calories pour obtenir de l'énergie et émettent des gaz carboniques comme déchet). Le test parut donner des résultats positifs, mais des vérifications ultérieures ont infirmé l'interprétation des données obtenues : il convenait de les attribuer à des réactions chimiques et non au métabolisme d'un quelconque organisme. Une ambiguïté analogue a été rencontrée récemment : les études les plus poussées n'ont pu établir avec certitude si la trace microscopique présente dans ALH 84001 (un fragment de météorite provenant de Mars, trouvé dans l'Antarctique en 1996) était un organisme fossile ou une anomalie structurelle de la roche. Avant de

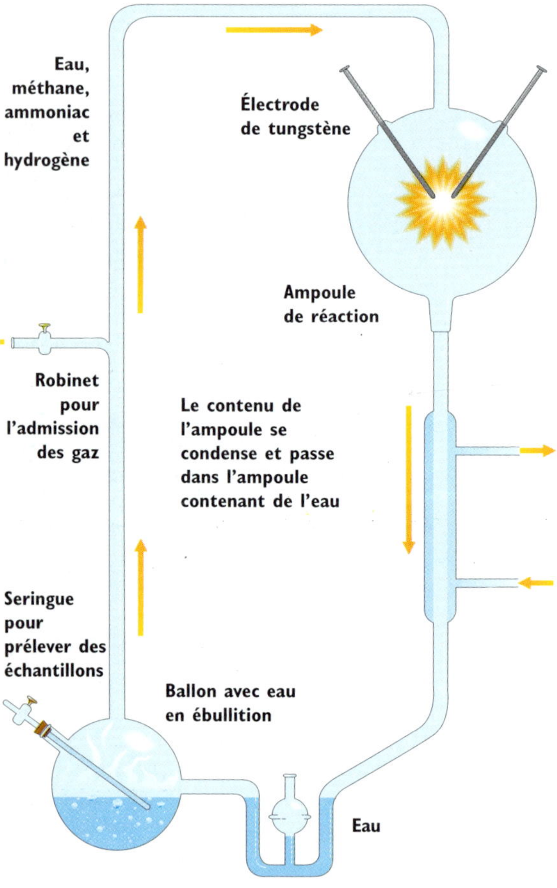

La vie sur la Terre
Comment se sont formés les premiers êtres vivants terrestres ? Il est très difficile de donner une réponse, mais il est probable que tout a commencé lorsque des molécules semblables à l'ADN ont été produites fortuitement. Ces molécules étaient en mesure de se reproduire elles-mêmes, avec des protéines lipidiques et d'autres molécules « organiques ».

Stanley Miller a démontré, en 1953, qu'il pouvait se former des molécules organiques dans l'atmosphère primitive, grâce à l'énergie de la foudre. Cette atmosphère était représentée par des molécules d'hydrogène, de méthane, d'ammoniac et de vapeur d'eau contenues dans une ampoule, à l'intérieur de laquelle 2 électrodes produisaient de puissantes étincelles. Muller constata, 3 jours après, la formation de molécules d'acides aminés : les composants des protéines.

Les molécules de lipides en solution aqueuse s'agrègent pour former une double couche, en tout point semblable aux membranes qui délimitent actuellement les cellules. La première « protocellule » pourrait avoir été constituée par une double couche de lipides, de façon à délimiter une zone interne où auraient dû se trouver des acides aminés et des nucléotides (des molécules composant l'ADN).

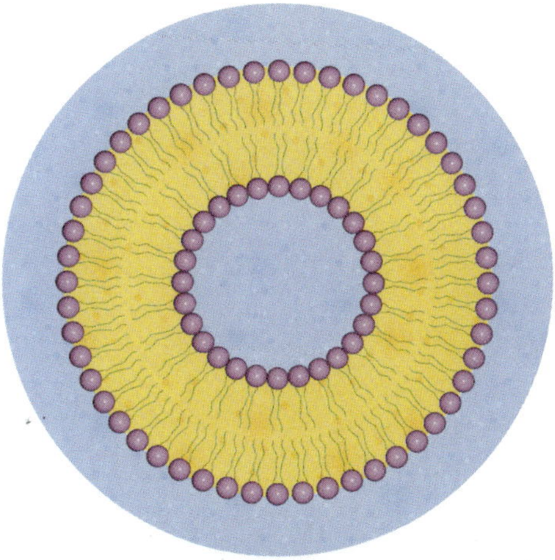

Les cyanobactéries sont peut-être les premiers organismes qui ont été en mesure de tirer de l'énergie du Soleil. Leurs traces les plus anciennes remontent à plus de 3 milliards d'années : ce sont les stromatolites, de grands dépôts formés par le carbonate de calcium produit par les cyanobactéries.

résoudre tous les mystères touchant aux éventuelles formes de vie sur la planète rouge, il faudra peut-être attendre que l'homme mette le pied sur elle, ce qui se produira probablement au XXIe siècle.

Il ne faut pas oublier que Mars n'est pas le seul lieu habité possible : parmi les autres candidats, on trouve Europe et Callisto, satellites de Jupiter, et aussi Titan, satellite de Saturne.

La première est recouverte d'une épaisse couche de glace, mais il est probable qu'en dessous de celle-ci il se trouve une énorme étendue d'eau liquide, venant peut-être, par ses dimensions, aussitôt après celle de la Terre.

L'eau à l'état liquide, peu commune dans le système solaire, favorise beaucoup le développement de la vie ; sur notre planète, partout où elle est pré-

Le mystère de la vie sur Mars
Cette planète est apparemment semblable à la Terre, et c'est pour cela que l'homme a toujours pensé qu'elle pourrait abriter des formes vivantes. Cet espoir n'est pas écarté, malgré les missions spatiales qui ont révélé de grandes différences entre la planète rouge et la nôtre.

Les Martiens existent-ils ?
La surface de Mars apparaît aujourd'hui très inhospitalière. Cependant, on ne peut exclure l'existence, en profondeur, de dépôts d'eau dans lesquels se trouveraient des formes de vie.

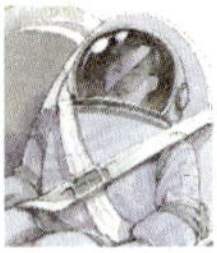

sente, prospère au moins quelque micro-organisme. De plus, certaines caractéristiques de la glace superficielle recouvrant Europe donnent à penser que les fonds de ses mers pourraient être parsemés de volcans, qui réchaufferaient l'eau qui les entoure : des conditions très similaires ont peut-être permis l'apparition sur la Terre des premiers organismes semblables à des bactéries.

Pour en savoir plus, il nous faudra attendre au moins jusqu'en 2008, date à laquelle la sonde Europa Orbiter devra s'approcher du satellite de Jupiter et nous envoyer quelques informations détaillées sur sa structure. Callisto intrigue également les chercheurs, car elle pourrait abriter un océan d'eau liquide. Titan, par contre, est intéressant parce que entouré par une très dense atmosphère d'hydrocarbures, et l'on ne voit pas bien ce qui se trouve à sa surface. Les hydrocarbures sont des composés contenant du carbone, un élément important pour la vie et présent dans toutes les molécules organiques. S'il se trouvait également des étendues d'eau sur le satellite, les probabilités de développement d'organismes – au moins simples – seraient alors élevées. Sur la Terre, tous les êtres vivants partagent certaines caractéristiques de base : ils sont, en particulier, constitués d'une ou de plusieurs cellules, chacune d'elles fonctionnant grâce aux instructions

Les mutations climatiques
Certaines données font penser que Mars aurait pu avoir un aspect très différent dans le passé. Une atmosphère plus dense aurait produit un effet de serre, entraînant la fonte de l'eau, actuellement à l'état de glace dans le sous-sol. Il y aurait eu ainsi des précipitations neigeuses et des lacs. Dans ce milieu plus favorable, des êtres vivants se seraient développés, aujourd'hui détruits ou cachés.

contenues dans son patrimoine génétique ou ADN. Il n'est pas certain que d'éventuels organismes extraterrestres soient structurés de cette façon, car, par exemple, des structures moléculaires différentes pourraient assumer le rôle de l'ADN. Toutefois, si, dans le système solaire, mais hors de la Terre, se trouvaient des formes de vie semblables à celles que nous connaissons de nos jours, il conviendrait de répondre à une intéressante question : la vie a-t-elle évolué indépendamment en chaque lieu ou est-elle apparue une seule fois, pour se répandre ensuite sur d'autres planètes et satellites ? Cette seconde hypothèse n'est pas fantaisiste. En effet, à la suite de la collision de grands astéroïdes, des fragments de roches peuvent se détacher d'une planète, être projetés dans l'espace et retomber ailleurs, comme des météorites. Si l'une de ces dernières contenait un organisme très simple, celui-ci pourrait survivre à l'impact et s'établir dans son nouveau milieu où, éventuellement, ses descendants pourraient se développer sous des formes qui n'existaient pas auparavant sur la planète.

Des êtres intelligents existent-ils ailleurs ?

Si nous trouvions des traces d'autres êtres vivants, nous nous sentirions moins seuls dans l'Univers. Mais la découverte vraiment exceptionnelle serait d'avoir quelque signe de la présence d'autres êtres intelligents. Il y a peu d'espoir d'en rencontrer dans le système solaire. D'abord, parce que nous n'en avons pas encore vu, malgré

OÙ PEUT-IL Y AVOIR DE LA VIE ?
La vie sur la Terre dépend étroitement de l'énergie que nous fournit quotidiennement le Soleil. Les étoiles ne peuvent toutes prétendre avoir une vie du même type, car beaucoup d'astres ont une existence trop brève pour permettre aux organismes de se développer sur les planètes voisines.

Les 8 planètes présentées sur le tableau ci-contre ont été découvertes grâce à de puissants radiotélescopes. Le système solaire est pris comme référence pour indiquer les distances des planètes à leur étoile. Le nombre près des planètes indique leur masse par rapport à celle de Jupiter.

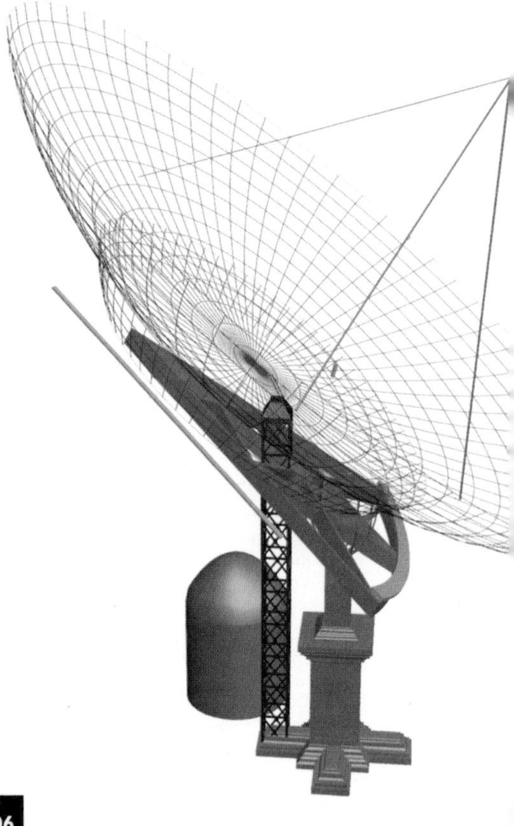

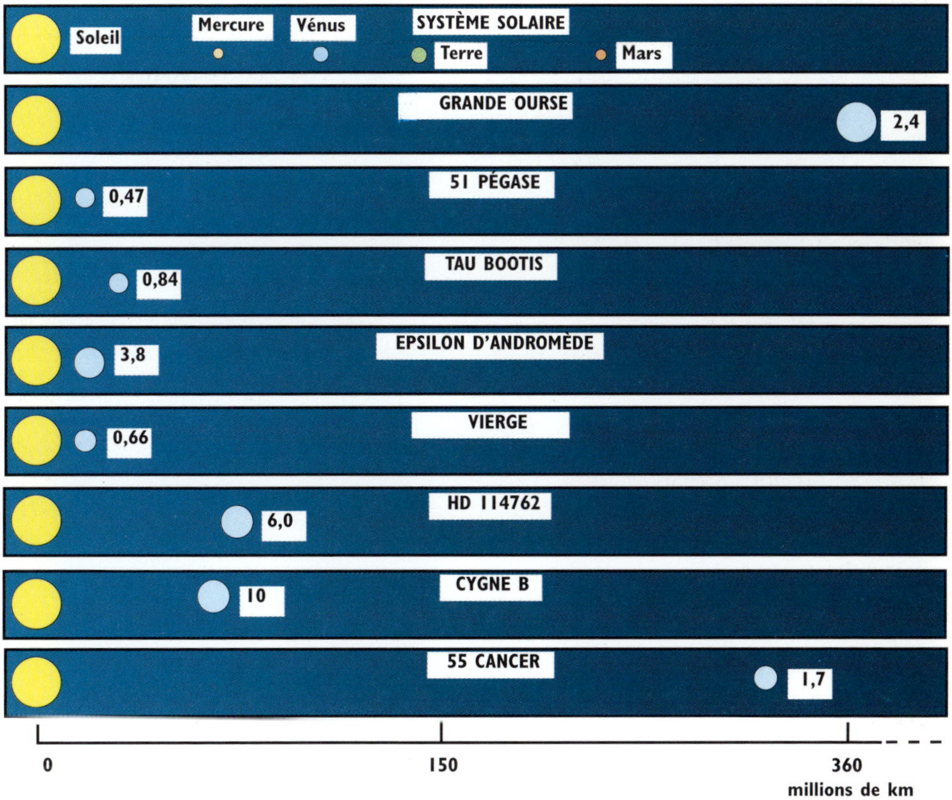

La recherche
Il est fort difficile d'identifier les planètes très éloignées, et ce n'est possible que pour celles de très grandes dimensions. On ne peut localiser avec certitude la présence de planètes semblables à la Terre par leurs dimensions et leur distance à leur étoile. Cela serait pourtant très intéressant, car elles paraissent plus adaptées au développement d'êtres vivants.

Les planètes hospitalières
Pour pouvoir accueillir des êtres vivants, une planète ne doit pas être trop proche de son étoile, car les molécules biologiques ne sont pas stables à de très hautes températures. Elle ne doit pas non plus en être trop éloignée, car des températures très basses empêchent les réactions chimiques à l'origine de la vie. Le nombre de planètes de la Voie lactée en mesure d'abriter quelque forme de vie varie de 1 000 à 5 millions, selon les estimations.

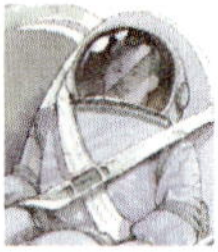

les nombreuses missions spatiales. Mais aussi parce que, en dehors de la Terre, les autres lieux paraissent très inhospitaliers, et non susceptibles de permettre le développement d'organismes simples. S'il existe donc des extraterrestres intelligents, ils doivent se trouver au voisinage de quelque autre étoile, hors de portée de nos expéditions.

Devons-nous pour autant abandonner toute espérance de contact? Cela n'est pas dit. Notre civilisation utilise abondamment les ondes radio, produites principalement par les télécommunications, les transmissions radiophoniques ou télévisuelles. Celles-ci sortent en partie de notre atmosphère et pourraient être captées dans un monde lointain. De la même façon, nous pourrions recevoir sur la Terre les ondes radio produites par quelque autre société avancée. L'hypothèse est si sérieuse que, depuis le 15 avril 1992, les données du radiotélescope d'Arecibo sont utilisées dans le cadre du programme SERENDIP, qui fait partie du projet SETI (Search for Extraterrestral Life) de l'université de Berkeley, en Californie. Dans ce projet, des ondes radio d'une certaine fréquence, provenant en grande partie du ciel, sont captées dans un analyseur spécifique, capable de recherches sur 168 millions de canaux par 1,7 seconde. Des programmes d'ordinateurs devraient filtrer les données recueillies et identifier d'éventuels signaux anormaux dans le flot des ondes radio de fond. En 1998, les chercheurs se sont rendu compte de l'impossibilité pour eux seuls d'analyser les informations rassemblées et ont

Des univers parallèles
D'après des études théoriques, il est possible que la matière tombant dans un trou noir en soit expulsée par sa contrepartie : un « trou blanc » qui s'ouvrirait dans un univers parallèle. Les trous noirs pourraient donc constituer des portes s'ouvrant sur d'autres cosmos, même s'ils ne sont franchissables qu'en théorie. Tout ce qui tombe dans un trou noir est soumis, en fait, à une déformation tellement forte qu'il en est pratiquement anéanti.

Le « *wormhole* »
Dans les années 1930, Albert Einstein et son collaborateur Nathan Rosen ont découvert qu'un trou noir constitue une sorte de pont (dit pont d'Einstein-Rosen), réunissant deux régions du même univers (2 et 3). Un tel pont serait un exemple de la structure appelée en anglais *wormhole* (littéralement : un « trou de ver ») qui permettrait, en théorie, de passer d'un univers à l'autre (1).

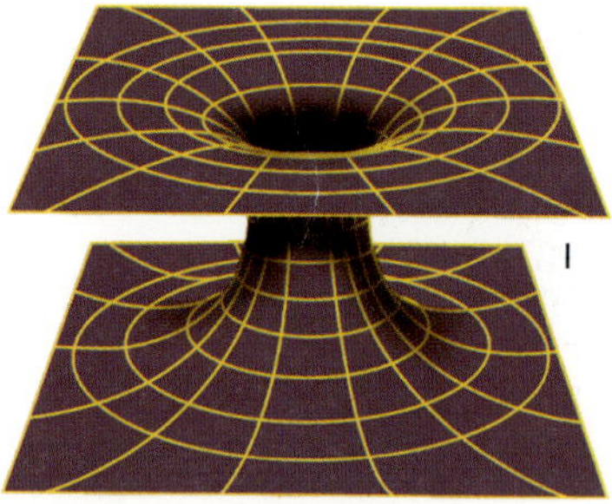

1

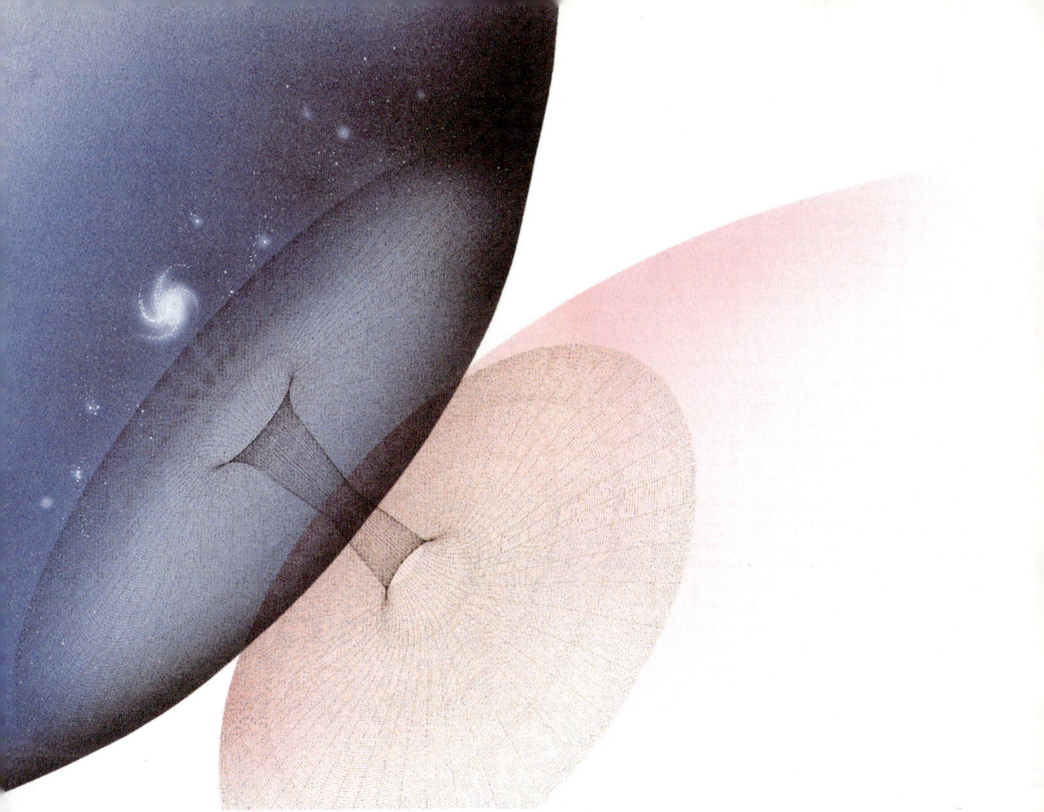

Où sont les « trous blancs » ?
Aucun trou blanc n'a jamais été identifié avec certitude dans notre univers. Selon une séduisante hypothèse émise peu de temps après la découverte des quasars, la violente émission d'énergie provenant de ces corps célestes est un exemple de l'activité d'un trou blanc. Mais cette théorie n'a jamais été acceptée par les astronomes.

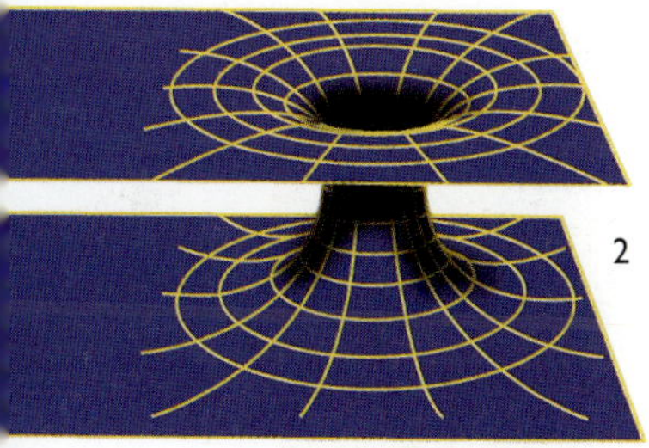

2

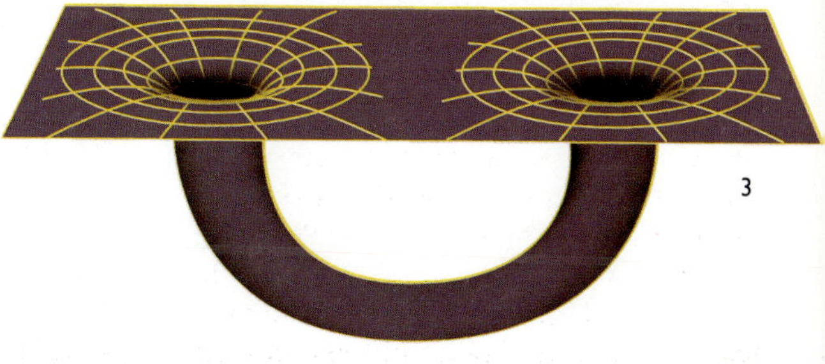

3

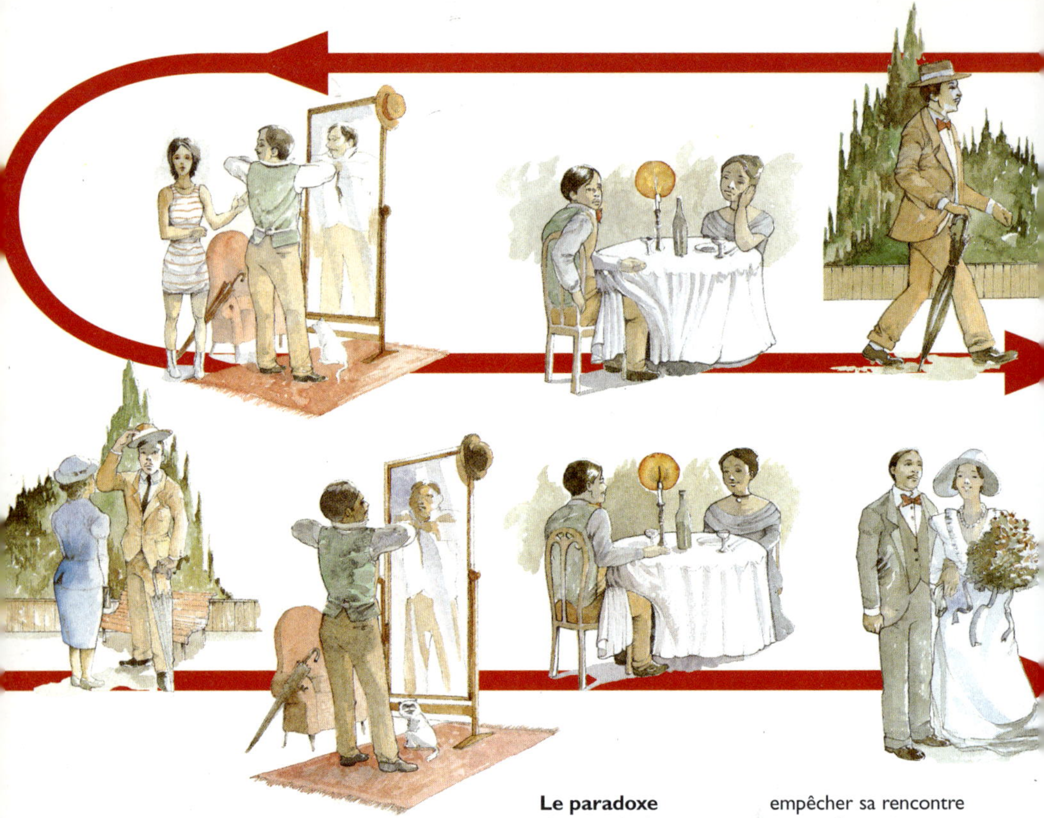

Voyager dans le temps

En observant les limites de l'Univers, nous voyons des événements qui se sont produits des milliards d'années auparavant. Les lois de la relativité générale n'excluent pas la possibilité de faire des voyages dans le temps. La logique commune s'y oppose pourtant, car ce retour vers le passé semble impliquer des paradoxes apparemment inextricables.

Le paradoxe du grand-père

Si les voyages dans le temps étaient possibles, une voyageuse pourrait monter à bord d'une machine à remonter le temps, retourner à l'époque de son grand-père et empêcher sa rencontre avec sa future épouse. Il n'aurait donc pas de petits-enfants. Avec le temps, on arriverait au moment où la voyageuse entre dans la machine, qui serait vide, puisqu'elle n'est jamais née. Ce qui est évidemment absurde.

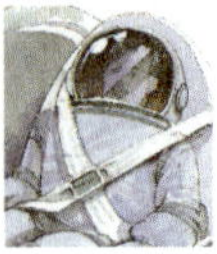

décidé de demander l'aide de tous ceux qui seraient intéressés par le projet. Ainsi est né SETI(@)home : quiconque entre dans ce site Internet peut recevoir un programme à installer sur son ordinateur. Lorsque celui-ci est allumé mais non utilisé, le programme s'active et analyse la quantité de données qui lui sont périodiquement envoyées. En décembre 1999, un million de personnes avaient adhéré au projet. Jusqu'ici, aucune réponse de l'espace. Mais qui sait? Bientôt, l'un de nos voisins d'étoile pourrait envoyer un message personnel à l'un des participants.

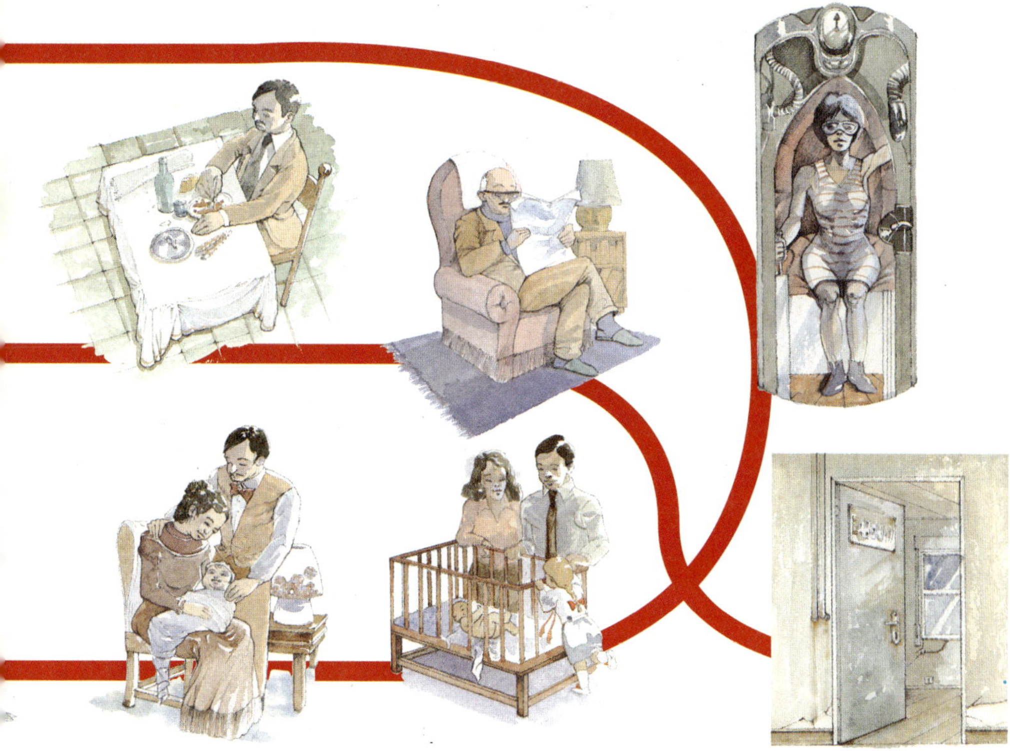

Une solution possible pourrait être obtenue, pour les paradoxes concernant les voyages, en imaginant qu'il existe de nombreux univers parallèles, dans chacun desquels se déroulent des successions d'événements divers.

L'univers de départ est celui dans lequel naît le voyageur, à la suite du mariage de son grand-père.

L'univers d'arrivée du voyageur revenu dans le passé empêche le mariage de son grand-père, mais cet acte le transporte instantanément dans un univers parallèle, où les événements sont différents et où il n'est jamais né.

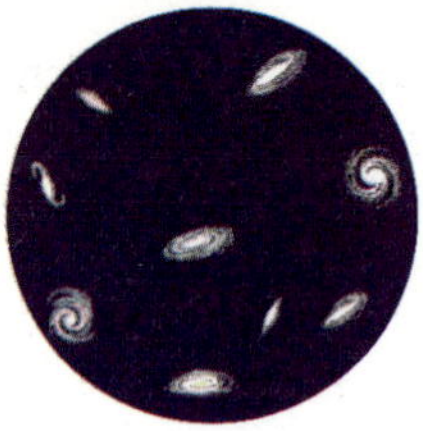

Le futur

Les planètes, les étoiles et les galaxies naissent, se développent et meurent, en passant par des phases assez prévisibles. Mais qu'en sera-t-il de l'Univers ? Les deux théories les plus plausibles sur ce sujet semblent aboutir à des conclusions opposées.

Un autre visage pour notre ciel

Comme nous l'avons vu, la mort d'une étoile est un événement normal, qui s'est répété sans doute des milliards de fois dans l'histoire de l'Univers. Cependant, nous pensons rarement que le Soleil, lui aussi, puisse mourir un jour.

Son agonie commencera dans environ 5 milliards d'années, lorsque notre étoile épuisera l'hydrogène contenu dans sa région centrale. Celle-ci subira

La fin de la Terre
Quand le ciel se transformera en étoile rouge géante, ses dimensions seront plus que centuplées. Dans cette énorme expansion, l'étoile engloutira Mercure et s'approchera dangereusement de Vénus et de la Terre. Notre planète atteindra alors une température telle que les océans s'évaporeront et que les roches se disloqueront.

Le destin du système solaire
Lorsque notre étoile sera devenue une naine blanche, il ne restera dans le système solaire glacé que des planètes aussi éloignées d'elle que Mars, qui n'auront pas été touchées par son approche destructrice pendant sa phase de géante rouge.

alors une contraction par laquelle s'amorcera la fusion de l'hydrogène demeuré dans la zone périphérique ; puis la zone centrale s'échauffera rapidement, jusqu'à provoquer la réaction de fusion des noyaux d'hélium. Durant ces phases, à la contraction de la zone centrale correspondra l'expansion de la région périphérique. Le Soleil, en conséquence, deviendra une étoile géante rouge. Après une période relativement brève d'un milliard d'années, l'hélium s'épuisera aussi dans la zone centrale et se transformera en carbone. Pendant un certain temps, il se produira dans l'étoile des réactions de fusion nucléaire qui affecteront l'hydrogène et l'hélium présents à sa périphérie. Puis elle expulsera le gaz de surface et se transformera en naine blanche : un

agglomérat de matière très chaude, au diamètre semblable à celui de la Terre, et tellement dense qu'une petite cuillère de sa matière pèserait chez nous 2 tonnes. Ensuite, la naine blanche se refroidira en s'affaiblissant lentement et une obscurité toujours plus épaisse cachera ce qui reste du système solaire.

La fin du Soleil peut nous apparaître comme un événement aux proportions colossales, et pourtant, pour la Voie lactée, il ne sera pas plus important que ne le serait pour une personne la mort d'une cellule de son épiderme. En fait, il se trouve encore beaucoup de gaz dans les bras de notre galaxie, duquel naissent continuellement de nouvelles étoiles. Certaines sont tellement grandes qu'elles explosent, au terme de leur vie, comme des supernovae, rendant disponible beaucoup de matière qu'elles contiennent pour la formation d'astres nouveaux. Celles qui finissent en naines blanches conservent cependant, à l'intérieur, environ la moitié du gaz dont elles ont été formées.

Avec le temps, les bras de la galaxie sont donc destinés à s'amincir, jusqu'à ce que le gaz s'épuise complètement, dans des milliards d'années peut-être. Alors, la Voie lactée ne sera rien d'autre qu'un amas d'étoiles mortes ou moribondes.

Le futur de l'Univers

Selon la théorie du big bang, l'Univers a commencé son expansion immédiatement après sa formation, et depuis il a étendu ses propres limites de façon ininterrompue. Existe-t-il une force qui pourrait l'arrêter? Oui, et c'est la même

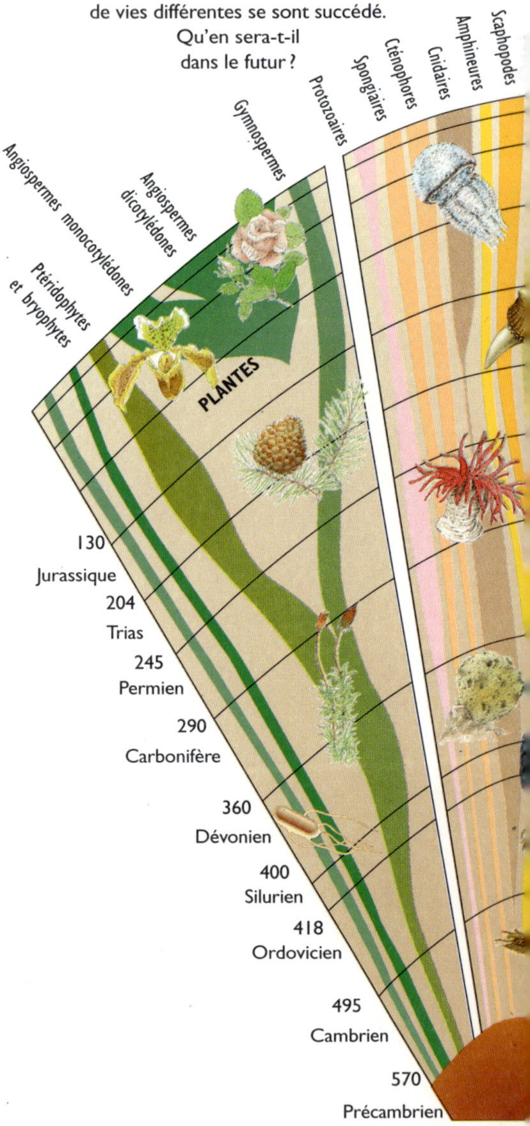

LA VIE SUR LA TERRE
Notre planète compte environ 4,6 milliards d'années et se trouve donc à la moitié de son existence, étant donné qu'il lui en restera autant à vivre avant que le Soleil ne disparaisse. Durant les ères que la Terre a connues, des millions de formes de vies différentes se sont succédé. Qu'en sera-t-il dans le futur ?

L'histoire de la vie sur la Terre est résumée dans cette figure. Chaque bande a trait à une période (indiquée par son nom et le nombre de millions d'années qui la séparent de nos jours). On a calculé que les premiers organismes vivants, semblables à des bactéries, sont apparus il y a environ 3,8 milliards d'années, mais les premiers restes nombreux d'organismes unicellulaires remontent au cambrien.

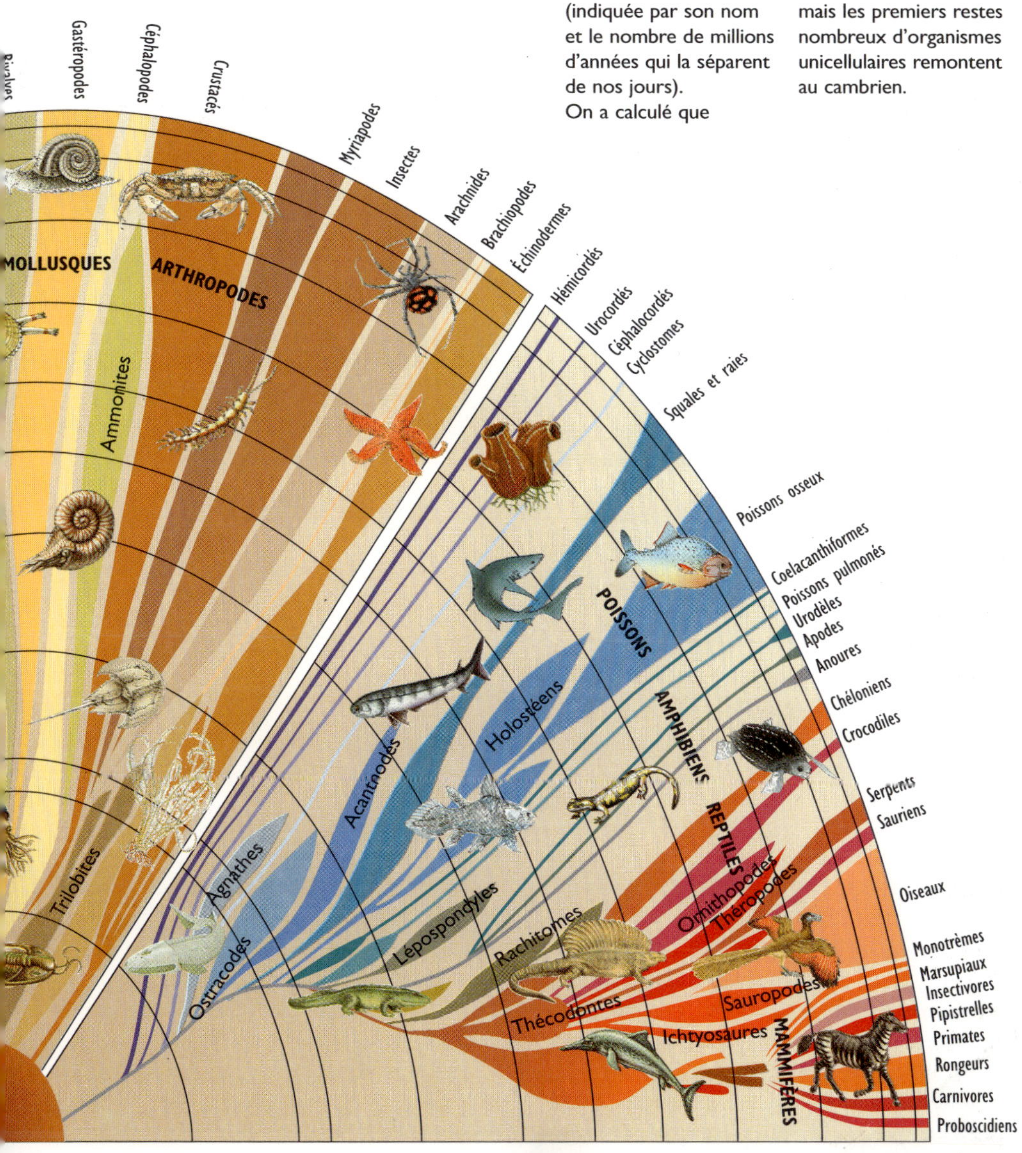

DE QUOI EST FAIT L'UNIVERS ?
Nous ne savons pas répondre à cette question. De nombreux indices nous conduisent à penser que 90 % de la matière présente dans le cosmos sont d'une nature qui nous est inconnue. L'existence de cette « matière obscure » est un élément fondamental pour déterminer le destin du cosmos.

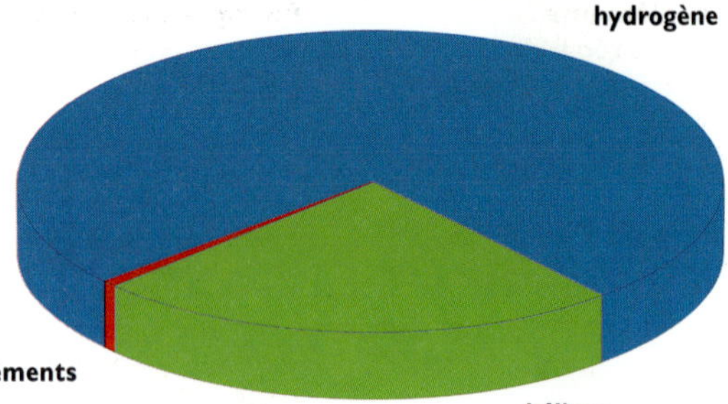

Les neutrinos constitueraient, selon certains, la matière obscure, pour sa plus grande part. Ces particules sont, en effet, très abondantes dans le cosmos. Le problème est que personne n'a encore pu mesurer leur masse. On sait cependant que, s'ils n'en avaient pas, ils ne pourraient contribuer à exercer une attraction gravitationnelle.

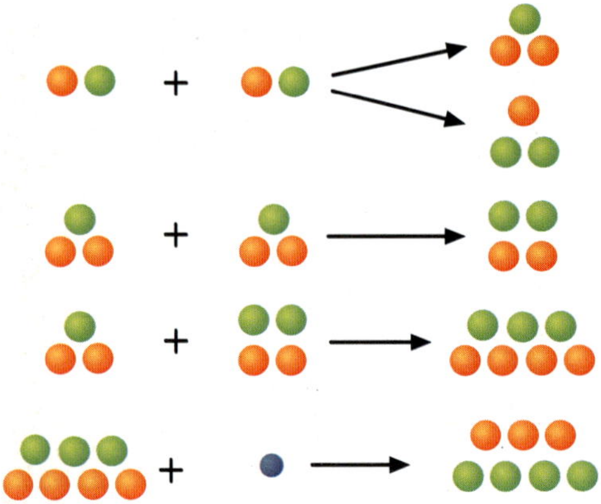

force d'attraction gravitationnelle que nous avons vue gouverner les phénomènes les plus macroscopiques du cosmos, de la formation des galaxies à celle des étoiles, et au mouvement des planètes autour de leurs astres. Il est donc possible d'imaginer que l'attraction existant dans la matière réussira un jour à contrarier l'expansion de l'espace jusqu'à l'arrêter, ou même à le faire revenir en arrière. Si cela arrive, l'Univers commencera à se contracter, pour parcourir, en un certain sens à rebours, toutes les phases de son existence. De nouveau, il se formera des amas de gaz, d'où naîtront de nouvelles galaxies. Puis le cosmos se réduira encore et la température

Les éléments les plus répandus
La masse de la matière connue est constituée de 75 % d'hydrogène, de 25 % d'hélium. Tous les autres éléments réunis représentent moins de 1 %.

Pourquoi la matière obscure doit-elle exister ?
Selon certaines évaluations, la matière visible composant les galaxies n'aurait pu demeurer stable au long des milliards d'années qui se sont écoulées depuis leur naissance. Il est donc probable que les étoiles et les gaz à l'intérieur des galaxies ont été gardés compacts par l'effet d'une grande quantité de matière noire. La photo ci-dessous montre la galaxie d'Andromède entourée du halo de matière obscure présumé l'entourer.

La formation de la matière
Tous les noyaux d'hydrogène (même dans leurs formes à un ou deux neutrons, appelés deutérium et tritium), une grande partie de ceux de l'hélium, un peu de ceux du béryllium et du lithium se sont formés dans les trois premières minutes de la vie de l'Univers, à travers une série de réactions nucléaires. Celles-ci ont produit aussi une grande part des neutrinos qui se trouvent aujourd'hui dans le cosmos. D'autres ont été générés par les fusions nucléaires à l'intérieur des étoiles, dont sont issus aussi les éléments restants.

s'élèvera progressivement. À un certain point, elle deviendra trop forte pour permettre aux électrons de demeurer unis aux noyaux des atomes, et ensuite même pour permettre aux particules élémentaires d'être liées au sein de ces noyaux. Alors, pendant peu de temps, elles existeront à l'état libre, puis s'anéantiront pour devenir de l'énergie pure. À la fin de l'implosion, tout l'Univers sera concentré en un point unique ; il y aura peut-être alors un nouveau big bang… et une autre histoire à raconter. Pour que ce futur devienne une réalité, il faut toutefois qu'il existe une quantité si énorme de matière qu'elle soit suffisante pour exercer une attraction gravitationnelle réciproque, qui compense la

tendance à l'expansion de l'Univers. Selon de récentes estimations, la matière qui brille dans le ciel sous forme d'étoiles, de galaxies et d'amas de galaxies atteint moins de 1 % de celle qui serait nécessaire pour amorcer la future contraction du cosmos. Peut-être aussi pourrait-il y avoir quelque autre forme de matière imperceptible pour nous, la « matière obscure ». Il y a des indices marqués en faveur de son existence. Elle paraît, en fait, nécessaire pour stabiliser les galaxies, en gardant réunis les étoiles et les gaz qui les composent. De façon analogue, les amas de galaxies ne

Une hypothèse improbable
Puisque nous ne savons pas encore combien de matière il existe dans le cosmos, on peut supposer qu'elle est en quantité exactement suffisante pour contenir l'expansion de l'Univers, mais pas assez cependant pour déterminer sa contraction. Dans ce cas, plutôt improbable, l'espace tendrait vers une sorte d'équilibre éternel.

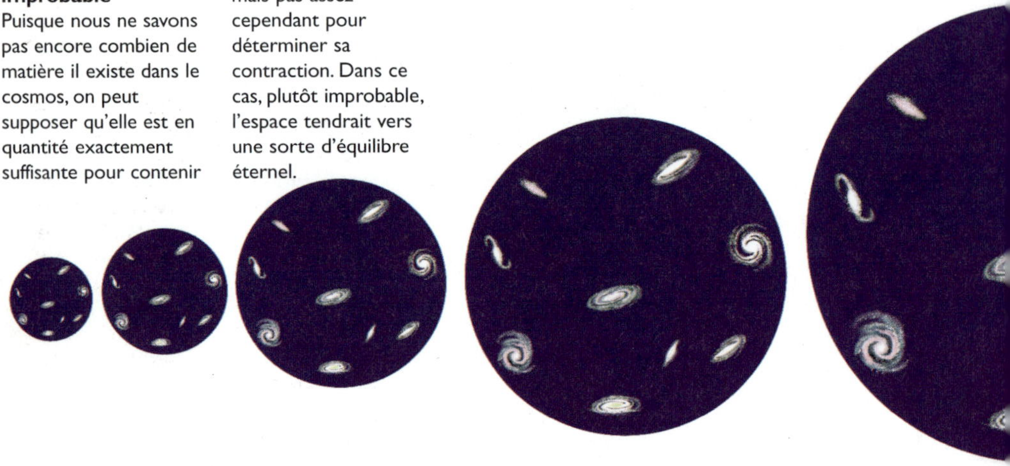

QUELLE SERA LA FIN DE L'UNIVERS ?
Le destin de l'Univers a été déterminé très peu de temps après le big bang, lorsque toute la matière a été créée. Nous savons que le futur du cosmos dépend de la quantité de matière existante. Nous pourrons la prévoir quand nous aurons établi si la matière obscure existe. Dans le cas contraire, l'Univers est voué à une expansion infinie.

La fin des galaxies
Si l'Univers est en continuelle expansion, toutes les galaxies perdront dans des milliards d'années leur gaz libre. Leur matière résiduelle sera alors lentement absorbée par les trous noirs.

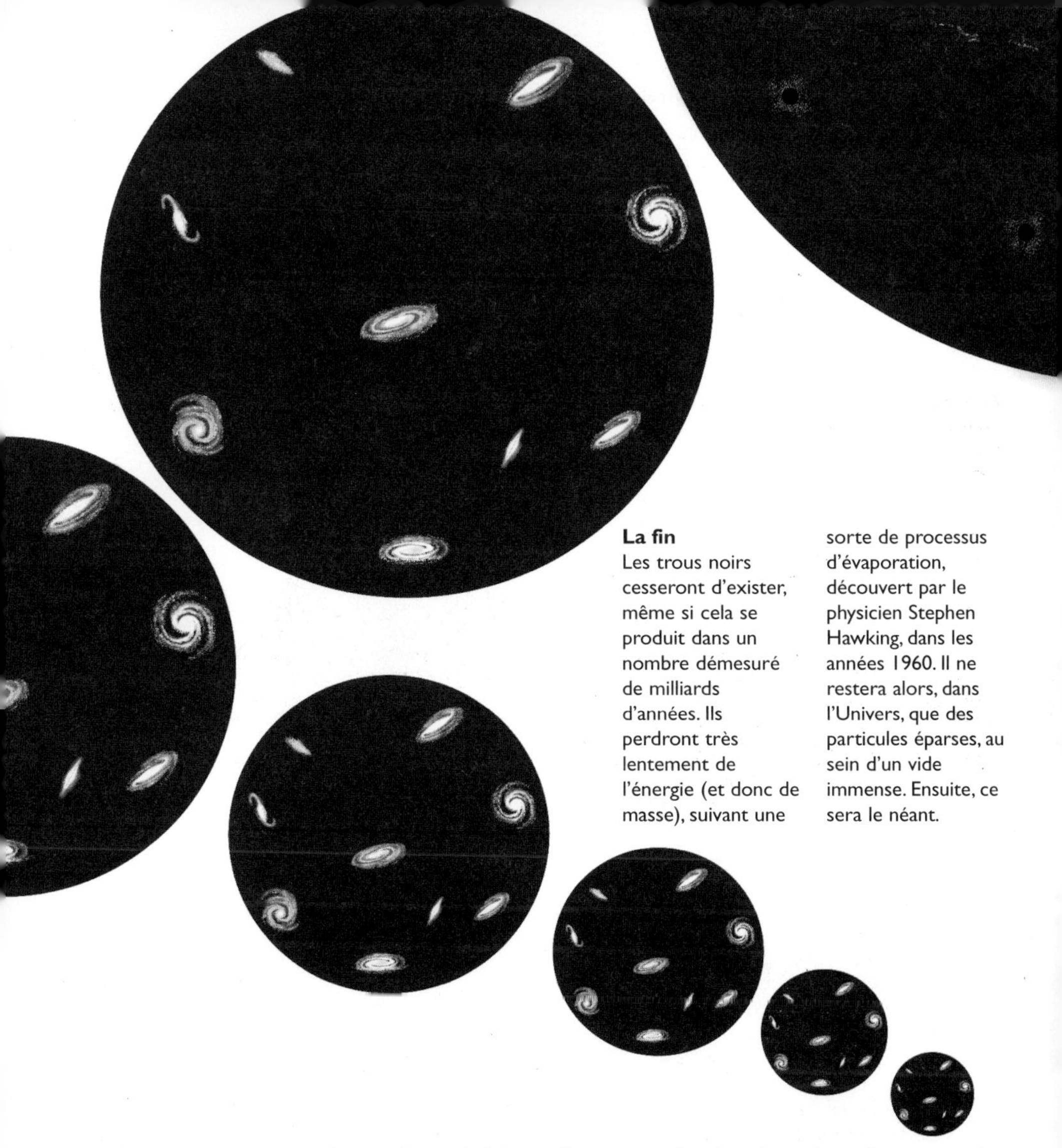

La fin
Les trous noirs cesseront d'exister, même si cela se produit dans un nombre démesuré de milliards d'années. Ils perdront très lentement de l'énergie (et donc de masse), suivant une sorte de processus d'évaporation, découvert par le physicien Stephen Hawking, dans les années 1960. Il ne restera alors, dans l'Univers, que des particules éparses, au sein d'un vide immense. Ensuite, ce sera le néant.

contiennent pas assez de matière visible pour demeurer unis tels qu'on les observe. Si elle existe vraiment, l'insaisissable matière obscure pourrait suffire pour déterminer la future implosion de l'Univers. Mais que peut-il arriver au cas où elle n'existe pas? Dans ce cas, l'espace deviendra de plus en plus grand et raréfié. Les galaxies seront peu à peu absorbées par d'énormes trous noirs, dans lesquels s'éteindra tout restant de lumière. Et le cosmos se sera transformé en quelque chose de vide et de froid, difficile à imaginer.

Index

A

Acide sulfurique *53,* 54
Acides aminés *43, 102-103*
Agriculture, invention de l' 4
Alidade *6*
Alvarez, Luis *et* Walter *63*
Ammoniac 65,
Ammoniaque *102*
Anhydride carbonique 52, 55-56, 102
Antiélectrons *voir* Électrons
Antimatière *voir* Matière
Antiquarks *voir* Quarks de beauté
Arcs gravitationnels *89*
Argon 56
Aristarque de Samos 8, 109
– système héliocentrique 8
Aristote 6-8
– thèse de la sphéricité de la Terre 8
Astéroïdes *18, 40, 41,* 54, *58-59, 60,* 59-62, *62-63, 82*
– Cérès 59
– couche des 79
– Gaspra *60*
– Ida *60*
– orbite 61
Astrologie *7*
Astronefs *92, 96-97,* 98
Astronomie 9, 15, 20, 74, *109*
– antique 4, *4-7*
alexandrine 8-9, 15
babylonienne 4, *4*
chinoise *39*
égyptienne 5
– observations 4-19, *4, 6, 9,* 20, 91
Attraction gravitationnelle *voir* Force gravitationnelle
Azote *37, 45,* 54, 56, *68, 72,74*

B

Base spatiale *92-93*
Béryl 40, *117*
Bible 10
Big bang, théorie du 20-26, *20-21, 22,* 28, 30, 31, 40, *82,* 114, 117, *118*
Biosphère artificielle *92,* 93
Brahe, Tycho 12
– observatoire d'Uraniborg 9

C

Calcium *37*
Californie, université de 108
Carbone 34, *37, 60,* 102, 105, 113
– dioxyde de *91*
– monoxyde de *74*
Cassini, Jean Dominique *12*
– Observatoire de Paris *12*
Charon 48, 74
Comètes 12, *40, 76-81,* 77-80, 81, 96
– d'Arend *78*
– de Halley *77, 79, 80-81*
– masse 80
– noyau *79, 81*
– orbite 79, *80,* 81
– queues *77, 78-79,* 79-80
– superficie *77*
Constellations 5, 6
– Andromède *27*
– Cassiopée *38*
– Chamaeleon 1 *16*
Copernic, Nicolas *9,* 10, 13
– système héliocentrique 10-15
Cyanobactéries *103*

D

Darwin, Charles *42*
Décroissance radioactive *20*
Deutérium *117*
Dollond, John *16*

E

Effet de serre 54, *63, 105*
Eau 56, 73, *91, 93, 102,* 103, *104,* 105
– vapeur d'eau *63,* 65, *102*
Effet Doppler 20
Einstein, Albert 24, *29,* 100, *108*
Électrons *21, 23,* 37
– antiélectrons *22-23*
Énergie 22, *22, 30-31,* 33, 34, 37, *38,* 73, 83, 92, *93,* 96, 98, *102,* 117, *119*
– solaire *19,* 92-93, 96, *96,* 102, *103, 109*
Épicycles *8*
Équinoxe de printemps *7*
Éthane *68*
Éthylène 65, *68*
Eudoxe de Cnide 6
– modèle d'Univers 6

F

Fer 49, *60*
– liquide 47
Force
– centrifuge 84, *91*
– électromagnétique *20*
– gravitationnelle *20, 24, 28-29,* 30-33, 34, 39, *82,* 84, *91, 92,* 95, *96,* 116-117, *116*
– nucléaire faible *20*
– nucléaire forte *20*
Forces fondamentales *20*
Fusion nucléaire *30-31,* 33, 34, *35,* 37, 40, 64, *93,* 96, *96,* 98, 113, *117*

G

Galaxies *14,* 20-21, *21, 25,* 29, 30, 67, 77, *82-89,* 83, 84-89, 112, *112, 117,* 118, *118,* 119
– amas 22, 88, 100, 118
globulaires *26,* 83
amas de la Vierge *27*
– Andromède *27, 85, 117*
– bras *83,* 86
– collision *87*
– elliptiques *84,* 85, 86, 88
– Groupe local 88
– irrégulières *84-85,* 85, 89
– lumière 20-21
– M 31 *85*
– mouvement centrifuge 20-22
– NGC 224 *85*
– NGC 1365 *84*
– NGC 4321 *85*
– NGC 4414 *84*
– NGC 5102 *84*
– NGC 5128 *85*
– NGC 5152 *84*
– noyau 86
– protogalaxies 33
– spirales *83,* 84-86, *84-85,* 88
– vitesse 21-24
Galilée (Galileo Galilei) *10, 12,* 13, 15, 72
– lunette *10,* 13-15
Gaz *30,* 33-34 *35, 50,* 56, *64, 66, 79, 82,* 83, 86, 89, *102,* 113, 114, 118, *118*
– nuage de *30,* 33-34, 40-41, 42, 79, *96, 97, 117*
Giotto *77*
Gluons *21*

H

Halley, Edmond *80*
Hawking, Stephen *119*
HD 114762 *107*
Hélium *21,* 26, *30-31,* 30, 33, *35, 37,* 40, 42, 62, 65, 66, 70, 71, 73, 74, 113

– noyaux *30,* 33, 113, *117*
Héraclide du Pont 8, *9,* 10
Herschel, William 18, 69, *71*
Hipparque de Nicée *6*
Hubble, Edwin 20-22
Hydrocarbures *68,* 105
Hydrogène 26, 30, *30-31, 32,* 33, *35, 36, 37,* 40, 42, *48,* 62, 64-65, 66, 70, 71, 73, 74, *102,* 112-113, *117*
– liquide 94
– noyaux *30-31,* 33, *21*

I

Ions 96
Iridium *63*
Jupiter 15, *40,* 42, 61, 62-65, *64-65, 66,* 68, 70, 71, 74, 103, 104, *106*
– anneaux *64*
– Grande tache rouge *64,* 74
– noyau 62-63, 65
– rotation *64*
– satellites 15, *65*
Callisto *65,* 103, 105
Europe *65,* 103, 104
volcans d'Europe *65,* 104
Ganymède *65*
Io *65*
– surface 64

K

Kepler, Johannes 12, 15, *28-29*
Kuiper, ceinture de 77-79, 80

L

Laisses spatiales *94*
Lemaitre Georges 24
– hypothèse de l'explosion de l'atome primordial 24
Lentilles gravitationnelles *88-89*
– arcs *89*
– croix d'Einstein *89*
Le Verrier, Urbain 72
Lipides *103*
Lithium40, *117*
Lumière *11, 14,* 18, 21-22, *26,* 27, *29, 31,* 33, 39, *39, 40, 80,* 85, 119
– bleue 16, 29
– étude de ses caractéristiques *14*
– fréquence 21
– rouge 16, 20
– vitesse 22, 27
Lune 4, 5, 6, 8, *9,* 13, 15, *18, 28, 46-49,* 47-51, 61, 74, *94*
– atmosphère 48-49, *92*
– cratères 49
– éclipse 8, *47*
– mouvement 6
– orbite *46*
– pôles *49*
– rayon 47
– régolite 48
– reliefs 15
– rotation *46*
– surface 49, *48-49*
– vallées 15
Lunette
– réflecteur *11,* 16
oculaire *11*
– réfracteur *10-11,* 13, 16
lentilles 13-15
objectif *11,* 16
oculaire *10*

M

Magnésium *60*
Marées *28,* 61, *87*
Mars 6, *8,* 12, *18-19, 40, 41,* 42, 55-59, *56-59, 68, 95,* 96, *100-101,* 101, 102-103, *104-105,* 105, *107, 112*
– activité volcanique 56
– atmosphère *18,* 55-56, 59, *105*
– axe de rotation 58
– canaux *100*
– équateur 55
– mont Olympus 56
– mouvement 12
– orbite *8,* 58
– rayon équatorial *56*
– rotation 59
– satellites
Deimos58
Phobos *58-59*
– surface 56, *56*
– température 56
– tempêtes 58-59
– trajectoire apparente *8,* 12
– Valles Marineris *57*
Matière 22, *22-23, 24, 25,* 26, 30, 33, 37, 38, 40-41, 44, 79, *82,* 83, 84, 85, 86, *87,* 98-99, 116, *116-117,* 117-119, *118*
– anéantissement *22-23, 24,* 26, 98
– antimatière *22-23, 24,* 26, 98-99
– obscure *116-117,* 118-119, *118*
Meier, Édouard *100*
Mercure 8, *9, 40,* 42, *50-51,* 52, *68,* 77, 95, *107, 112*
– activité volcanique *51*
– cratère Caloris *51*
– orbite 52
– révolution 52
– rotation 52
– talus de Discovery *51*
Métaux 65
Météores *51,* 59-62
Météorites *40, 42,* 49, 51, 54, 59-62, *61, 62-63, 93,* 105
– ALH 84001 102
Méthane 65, *68, 70,* 73, *72, 74*
Miller, Stanley *102*
Molécules organiques *42-43*

N

aéronefs 94
NASA *49,* 96
Nébuleuses
– du Crabe *39*
– Magellan, Grand Nuage de *16, 27,* 85
Petit Nuage de *27*
– N 70 *16*
– protogalactiques *82*
– protoplanétaire 45, 49
Neptune *40,* 69, 71-74, *72-73, 75,* 77
– anneaux *73*
– Grande tache sombre 74
– noyau 73
– orbite *73,* 74, *74,* 77
– perturbations 74
– rotation 74
– satellites *72-73*
Triton *72-73*
Neutrinos *31, 116*
Neutrons *20-21,* 37
Newton, Isaac *11,* 16, 18, *29*
– lois de *29,* 30
Nickel *60*

O

O'Neil, Gerard *90*
Ondes
– électromagnétiques *24,* 34
– lumineuses *voir* Lumière
– radio *14,* 108
Oort, nuage d' *40,* 77-79, 80
Oxyde de fer *56,* 58
Oxygène *37, 45, 48, 91,* 93
– liquide 94
Ozone *59*

P

Paradoxe
- des jumeaux *98-99*
- du grand-père *110-111*

Parallaxe, angle de *7*
Particules élémentaires *21*
Pathfinder *18-19*
Penzias, Arno 25
Perturbations gravitationnelles 79
Phosphore *37*
Photographies astronomiques *16*
- caméra CCD *16, 67*

Planètes 4, 6, *8, 9,* 12-13, *18, 28, 40,* 40, 41, 42, *42,* 44, 47, 51, 58, 64, 65, 67, 74, *82,* 84, 86, 95, 106, *106, 107,* 112, *112,* 116
- diamètre apparent *6*
- dimensions *6*
- géantes gazeuses 42, 72
- mouvement 6, *8,* 12, *28, 29*
- orbite 10, 12-13, *28,* 81
- révolution 10
- rocheuses 42
- satellites *40*
- trajectoire 6, 13

Pluton *40,* 48, 69, *72,* 74-77, *74-75*
- noyau *74*
- orbite *75,* 77
- rotation *75*
- satellite 74, *74-75*
  Charon *74-75*

Poliakov, Vicktor 91
Pont d'Einstein-Rosen *108*
Positrons *31*
Poussière interplanétaire *40*
Princeton, université de *90*
Protéines *102*
Protons *20-21,* 37
Pulsar *voir* Étoiles de neutrons
Pythagore, école de 6

Q

Quark *21, 22-23*
- de beauté *22-23*

Quasar 29-30, 83, *89, 109*

R

Radiations *14, 22,* 38, *59, 92*
- de fond cosmique *24-25,* 25
- électromagnétique *14, 21,* 25, *38*
- longueur d'onde *14*

Radiotélescopes *14*
- Arecibo *14,* 108
- en série *14*

Rayons
- gamma *31*
- infrarouges *14,* 34
- lumineux *voir* Ondes lumineuses

Relativité générale, théorie de la 24-25, *29*
Révélateur de particules *22-23*
- Babar 22-23

Rosen, Nathan *108*

S

Étoiles 5, *7, 10,* 13, *14, 21, 26, 28, 30-31, 32-33,* 33-34, 37-40, *37, 38-39,* 77, 79, *82,* 83, 84, 85, 86, 87, 89, 94, 96, *96,* 108, 112, *112,* 116, *117,* 118
- Alpha du Centaure *26*
- Bêta du Centaure *26*
- blanches *32*
- bleues *32*
- Cygne B *107*
- de la seconde génération 40
- de neutrons 37-39, *39*
- dimensions *33*
- en formation 64, *82*
- filantes *voir* Météores
- fixes 6
- géantes rouges *31, 32,* 34, *112,* 113
- Grande Ourse *107*
- jaunes *33*
- luminosité *26, 33*
- masse *33*
- naines blanches *31, 32,* 34-35, *35,* 114
- naines noires 34
- noyau *30-31,* 34, 39
  de carbone 34
  de neutrons 39
- orangées *33*
- Proxima Centauri *83,* 99
- rouges *33,* 86
- supernovae *31,* 37, *38,* 39, 40, 114, *118*
  Cas A *38*
  explosion *38-39*
- Tau Bootis *107*
- 51 Pegasi *107*
- 55 Cancer *107*
- 70 Virginis *107*

Satellites *14, 18,* 44, *46,* 47-51, *47, 48, 65, 66,* 67, *68, 82, 93,* 105, 106
- artificiels
  COBE 25
  Exosat *38*

Saturne *10, 12, 40,* 42, *64,* 65-68, *66-69,* 70, 71, *70-71,* 103, 105
- anneaux *10, 12,* 66-69, *66-69, 70*
- atmosphère *68,* 105
- rotation 68
- satellites *12, 64, 66, 68*
- surface *66, 68,* 105
- température 66
  Titan *68-69,* 103

Schiaparelli, Giovanni Virginio *100*
SETI, projet 108-110
Sibérie
- Toungouska 62

Signes du zodiaque 7
Silicates *60*
Sojourner *19*
Soleil 4, *5,* 5, 6, *7,* 8, *9,* 10, 12, *28, 29, 30-31, 32, 34-35,* 34, 39, *40,* 41, 42, *42,* 44, *47, 50,* 51, 52, 58, 61, 64, 66, *68,* 71, *71,* 73, *75,* 77, *78,* 79, *80,* 80, 81, *83,* 84, 86, 92, 96, *106, 107,* 112, 114, *114*
- champ magnétique *36*
- diamètre *35*
- éclipse de *47*
- masse *35*
- mouvement 6
- noyau *35*
- protubérances *36*
- surface *35, 36*
- taches solaires *37*
- trajet apparent 6
- vent solaire 41, 42, *78*
- zone de convection *35*
- zone radioactive *35,* 112

Sondes spatiales *18-19,* 90, 94-96
- Clémentine *48-49*
- Deep Space 96
- Europa Orbiter 104
- Galileo *60*
- Giotto *80*
- Luna Prospector *49*
- Magellan *52, 54*
- Mariner *52,* 52, 95
- Pioneer *52*
- Venera *52*
- Vénus *52*
- Viking 101
- Voyager 2 *67, 68,* 70, *73,* 74

Stations
- en orbite 90, *90-91*

Mir 90-91
– extraterrestres 93, *94, 96*
– spatiale internationale 91
Système solaire 8, *10, 18,* 29, *40-41,* 42, *42, 46,* 44-81, 61, 62, 67, *68,* 69, *71,* 72, *72,* 74, 77, 79, 81, *83,* 92, 94, 96, *96,* 99, 103, 106, *106, 107, 112,* 114
– modèles
héliocentrique 8, 9, *9,* 10, 15
géocentrique 6-8, *9*

T

Télescope du mont Wilson 20
Télescopes optiques *12-13, 14, 16-17, 18,* 21, 37, 44, *52,* 69, *71,* 74, *75,* 90
– aberration chromatique 16
– lentilles *11, 13,* 15-19
concaves 16
convexes 16
– oculaire *13*
– miroirs *11,* 16-19
– VLT *16-17*
Télescopes réflecteurs modernes *14*
– miroir *14*
Terre 6, *7,* 8, *8,* 9, *9,* 10, 13, 15, 20, 21, 22, *26, 28,* 31, *35, 36,* 38, *39, 40,* 42, *42-43,* 44-51, *44-45, 46, 47, 50,* 52, *53,* 56, 58, *60, 61,* 62, *63,* 64, *64,* 68, *68,* 69, 70, 81, *86,* 90, *90,* 91, 92, *92, 94-95,* 96, *96, 97, 99,* 103, 104, *104,* 105, 106, *106, 107,* 108, *112, 114-115,* 114
– activité volcanique *43, 51*
– atmosphère *14, 45,* 61, 62, *63, 102,* 108
– axe 8
– biosphère *44*
– champ magnétique 46, *94*
– croûte *45*
– équateur 45
– manteau *45,* 49, 51
– noyau
externe *45,* 47
interne *45*
– orbite *8,* 44, 62, *94*
– pole Nord 46-47
– pôles 45
– Ptolémée 9, 10
Almageste 10
modèle d'Univers 9
système des épicycles 10, 13
– révolution *7,* 10
– rotation 44-45
– surface *45, 104*
Théorie de la relativité générale *99*
Tombaugh, Clyde 74
Tritium *117*
Trous blancs *voir* Pont d'Einstein-Rosen
Trous noirs 37-39, *39,* 83, *108, 118, 119,* 119

U

UFO *100*
Univers 4, *8,* 10, 13, 20, *20-21, 22, 24, 28,* 21, 22, 24, 26, 28, 33, *37,* 40, 90, 98, 106, 112, 116, *116,* 117
– âge de l' 24
– cxpansion de l' 22-24, 26, 118-119, *118*
– implosion de l' 117-119
– naissance de l' 28, 29
Uranus *40,* 69-71, *70-71,* 74
– anneaux *70-71*
– axe *71*
– orbite *71,* 72-73, 74
– rotation *71*
– satellites 70
– surface *70*
– trajectoire 69

V

Vénus 8, *9, 40,* 42, 52-55, *52-55, 107, 112*
– atmosphère 52-54
– mouvement 55
– nuages *52-53*
– révolution 55
– rotation *53,* 55
– surface *52, 54-55*
– volcan Maat *53*
– volcans 54, *53, 55*
Vie extraterrestre 100-110, *100-107*
Voie lactée *26,* 30, *83,* 85, 86, *86,* 88, *107,* 114
– bras *86*
– orbite *83*
Voiles à photons *95*

W

Wilson, Robert 25

X

Xénon 96

Crédits photographiques

Les illustrations de ce volume ont été réalisées sur indication et par les soins de DoGi S.p.A., qui en détient le copyright.

ILLUSTRATIONS
Abréviations : b, bas – c, centre – d, droite – g, gauche – h, haut.

Alessandro Bartolozzi 7b, 10h, 14-15, 18-19, 23b, 24-25, 26-27, 36b, 39, 40-41, 48, 50-51, 54-55, 56-57, 60-61, 64-65, 68-69, 72-73, 74-75, 76-77, 82-83, 84-85, 90-91, 92-93, 94-95, 96-97, 103, 104-105, 106-107, 109h, 111b, 112-113, 118-119 Archives DoGi 44, 114-115 ; Giovanni Bernardi 4-5 ; Sauro Giampaia 22, 23a ; Francesco Petracchi 37 ; Raimondo Pasin 6, 98-99, 110-111h ; Studio Inklink 11, 12-13, 62-63, 71 ; Boris Rabin 49

REPRODUCTIONS ET DOCUMENTS
DoGi a garanti, autant que possible, les éventuels droits des tiers. En cas d'ommissions ou erreurs, elle présente d'ores et déjà ses excuses aux lecteurs et introduira les corrections opportunes dans les éditions ultérieures de cette œuvre.
Archives DoGi : 9, 10, 15, 29, 76, 81b ; ESO : 16, 17, 67, 86, 89 ; Gianluca Ferrini, Florence : 103 ; NASA : 30, 31, 34-35, 36, 37, 38, 39-40, 46, 52-53, 56, 58, 59, 64, 66, 71, 73, 75, 78, 80, 81h, 86, 87, 101 ; Karl K. Korff : 100 ; William Menke : 61 ; The Natural History Museum, Londres : 63 ; Science Photo Library : 117 ; SIE, Rome : 44-45

CAO : Luca Cascioli 28h, 102 ; Bernardo Mannucci 20-21, 30-31, 32-33, 53, 59, 74, 78-79 ; Laura Ottina 8h, 28b, 34-35, 45 ; Sebastiano Ranchetti 46-47 ; Sansai Zappini 8b, 31bg, 40-41, 71, 88, 108-109, 116

FRONTISPICE : Alessandro Bartolozzi